Teologia
do voto de
pobreza

Pe. Lourenço Kearns, C.Ss.R.

Teologia do voto de pobreza

EDITORA
SANTUÁRIO

Direção Editorial: Pe. Fábio Evaristo Resende Silva, C.Ss.R.
Coordenação Editorial: Ana Lúcia de Castro Leite
Copidesque: Cristina Nunes
Revisão: Luana Galvão
Manuela Ruybal
Diagramação e Capa: Mauricio Pereira

Dados Internacionais de Catalogação na Publicação (CIP)
(Câmara Brasileira do Livro, SP, Brasil)

Kearns, Lourenço
  Teologia do voto de pobreza / Lourenço Kearns. – Aparecida, SP: Editora Santuário, 2005.

  Bibliografia.
  ISBN 85-369-0031-8

  1. Pobreza 2. Pobreza – Aspectos religiosos 3. Vida cristã 4. Vida religiosa e monástica 5. Voto de pobreza I. Título.

05-8066   CDD-255

Índices para catálogo sistemático:
1. Voto de pobreza: Congregações religiosas: Cristianismo 255

6ª impressão

Todos os direitos reservados à **EDITORA SANTUÁRIO** — 2019

Rua Pe. Claro Monteiro, 342 – 12570-000 – Aparecida-SP
Tel.: 12 3104-2000 – Televendas: 0800 - 16 00 04
www.editorasantuario.com.br
vendas@editorasantuario.com.br

INTRODUÇÃO

Dos três votos que animam a vivência do seguimento radical de Jesus Cristo, castidade, obediência e pobreza, talvez o voto da pobreza seja aquele que mais dramaticamente demonstrou que houve mudanças exteriores e interiores na vivência dos votos na vida religiosa, depois do Concílio Vaticano II e por causa da realidade pós-moderna. De repente, a vida religiosa foi forçada a deixar certos modelos monásticos na vivência da pobreza para poder entrar aberta e profeticamente no mundo, sem ser do mundo (Rm 12,2). Não foi mais permitido, teologicamente, encarar o mundo material como se fosse nosso inimigo ou como se fosse intrinsecamente um mal, o que foi o modelo por muito tempo na vida religiosa. Nosso desafio de profecia exigiu que fizéssemos amizade com o mundo criado, que pediu um contato direto, decisivo e profético, com as coisas materiais e com alguns princípios da pós-modernidade, para podermos oferecer ao mundo *uma alternativa ou uma visão evangélica* por meio da vivência renovada de nosso voto de pobreza. Sem essas mudanças, exteriores e interiores, nossa profecia simplesmente não seria entendida pelo mundo imerso no materialismo e no consumismo.

As mudanças, certamente, foram mais dramáticas do que as dos votos de castidade e de obediência. Sendo assim, nossa renovada prática da pobreza chamou mais a atenção para pessoas dentro e fora da Igreja. Houve algumas mudanças evidentemente radicais. Muitos sinais externos da pobreza monástica foram deixados de lado para assumir algo diferente, que falaria mais concretamente para o mundo de hoje. Nossa roupa tradicional de batina ou hábito religioso foi deixada de lado para assumir o uso de roupas seculares na maioria das congregações masculinas, mas mais evidentemente nas congregações femininas. Nosso estilo de vida mudou visivelmente, porque muitos religiosos/as deixaram seus conventos grandes com suas estruturas monásticas para poderem viver nos meios populares, em comunidades pequenas e menos estruturadas. Assim, muitas estruturas e normas da pobreza exterior e comunitária foram mudadas. De repente, a prática da pobreza frisou mais *um aspecto profético* como algo mais importante do que os sinais tradicionais e externos da pobreza material. Os documentos episcopais da América Latina, como Medellín e Puebla, clara e honestamente, questionaram os religiosos/as neste continente pobre sobre sua vivência mais profética do voto de pobreza e nos chamou a vivermos com muito mais simplicidade de vida entre o povo pobre que estávamos tentando evangelizar. Agora inserção ficou como um sinal visível e necessário da pobreza em nosso continente pobre. Fomos chamados para realmente fazer uma opção pelos pobres que exigiu que vivêssemos *com e como os pobres*.[1]

Mas houve também mudanças radicais menos evidentes, no sentido de que o mundo questionou a falta do envolvimento dos religiosos/as com o mundo criado. De repente, religiosos/as que antigamente foram alheios às situações sociopolíticas entraram em movimentos como o da ecologia, da política, e da luta pelos direitos humanos. O sentido da vivência da pobreza agora ganhou um novo rosto. Cinquenta anos atrás, os envolvimentos nesses movimentos não teriam tido um lugar na visão tradicional do voto de pobreza.[2]

Ninguém poderia discutir que na tentativa de vivermos todas essas mudanças houve avanços e acertos, mas também houve retrocessos e fracassos na vivência da pobreza. De um lado, a busca para assumir uma vivência mais simples de vida aconteceu, mas do outro lado, a pobreza ficou muito mais complicada de se testemunhar porque entramos também no mundo de consumismo e materialismo, e, infelizmente, nós também ficamos seduzidos por esta nova *idolatria*. Ficou até mais difícil profetizar nossa pobreza quando o povo não podia mais ver nenhuma diferença ou testemunha exterior de pobreza em nós. Parece que ficamos iguais aos outros e, no processo, perdemos o sentido da pobreza e sua eficácia profética. As

---

[1] *Conclusões da Conferência de Puebla*, Edições Paulinas, São Paulo, 1983, p. 271; cf. o documento de Medellín: www.veritatis.com.br/agnusdei/medell15.h

[2] O'Murchu, Diarmuid, *Religious Life: A Prophetic Vision*, Ave Maria Press, Notre Dame, Indiana, 1991, p. 160.

interpretações diferentes sobre normas coerentes da pobreza torna-ram-se até uma fonte de discussão e divisão dentro das comunidades locais e provinciais. Sem dúvida, certas normas da pós-modernidade entraram abertamente dentro de nossos conventos sem o devido questionamento baseado nos conselhos evangélicos e, assim, apagaram nossa profecia diante do povo pobre. Para uma grande maioria dos pobres, os religiosos/as mesmo inseridos ainda são considerados "ricos". Religiosos/as se acham no meio de um dilema hoje. Eles possuem propriedades imensas e edifícios grandes que custam uma fortuna para se manter. As casas onde religiosos/as vivem, embora simples e austeras por dentro, seriamente impedem que sejam testemunhas proféticas de pobreza e, pior ainda, na realidade de inserção em casas populares. Nossos apostolados, que precisam necessariamente de alguns aparelhos eletrônicos caros e automóveis, enfrentam os mesmos problemas da aparente antitestemunha da pobreza.[3]

Por outro lado, religiosos/as cresceram imensamente na busca de viver uma profecia que poderia ser vista, apreciada e entendida pelo povo do mundo. Houve um crescimento no sentido de corresponsabilidade na *administração* e na *distribuição* de nossas posses comunitárias. Sem dúvida, houve a busca de maior simplicidade de vida e de inserção nos meios populares, especialmente na tentativa de introduzir nossos formandos/as nesta mística de pobreza. Houve uma busca de reeducação e formação permanente sobre as novas maneiras de viver a pobreza em nossa sociedade pluralista. E, finalmente, houve uma participação ativa, se não militar, nos movimentos que defendem os direitos dos pobres e na defesa da natureza.

Um grande desafio para a vida religiosa na América Latina é o perigo de entrar no processo de secularização em nossa vivência da pobreza evangélica. Como ser pobres no meio de um mundo que radicalmente rejeita a pobreza é um desafio difícil. Os efeitos da pós-modernidade têm trazido muitos benefícios para nossa vida religiosa e para nosso estilo de vida. Fez os religiosos/as serem "gente", holisticamente falando. Finalmente, percebemos que saúde, lazer, e uma aposentadoria digna também fazem parte integral do voto de pobreza. Mas houve os efeitos negativos que vieram com os bons. Cresceu notavelmente na vida religiosa um grande individualismo no contexto

---

[3] Ibidem.

comunitário, em que cada um/uma se vira por si mesmo, sem precisar pensar em/ou consultar os outros. Um crescente consumismo, no qual há uma busca frenética para o desnecessário em nossas vidas particulares e comunitárias, tornou-se um problema sem um confronto honesto diante das exigências evangélicas da pobreza. O resultado, no fim, foi a perda de uma profecia que precisa falar não só da boca, mas do coração e da vida ao mundo, buscando sinais de alternativas evangélicas. O povo vê claramente que nem sempre praticamos o que pregamos, e isso destrói o efeito de nossa profecia.

Neste livro vamos tentar captar modelos velhos e novos da prática da pobreza. No primeiro capítulo, procuramos ver o valor e a desvantagem dos modelos na busca de um modelo síntese que poderia aumentar nossa profecia e diminuir o antitestemunho. No segundo capítulo, vamos olhar para a pessoa de Cristo Encarnado, que livremente escolheu a pobreza de fato e de espírito como maneira de viver o Único Absoluto em sua vida, seu Pai. Ele é o modelo que queremos seguir e fazer visível na vivência de nossa vida consagrada. Contemplamos, também, a teologia do voto para que possamos profeticamente continuar Cristo hoje. A teologia nos daria pistas de reflexão sobre como podemos viver nossa pobreza neste pobre continente. No terceiro capítulo, vamos ver a prática da pobreza neste mundo pós-moderno e as dificuldades que nos desafiam. Falaremos do aspecto de pobreza "de fato" nesse capítulo. E, finalmente, no quarto capítulo, trataremos do aspecto da pobreza "de espírito" que eu acho, neste mundo pós-moderno, é o mais desafiante para viver e para profetizar.

Como em meus outros livros sobre a vivência dos votos, no fim dos capítulos, haverá algumas perguntas para nos ajudar em nossas reflexões pessoais e comunitárias. Sugerimos que estas partilhas sejam feitas em comunidade; assim elas cumprem melhor seu objetivo de servir com ânimo, consolação e desafio para buscar a conversão individual, comunitária e provincial.

Quero agradecer ao Frater Rodrigo Augusto de Souza, C.Ss.R., a correção deste livro e sua grande paciência.

1. Os modelos da pobreza religiosa

2. A teologia do voto da pobreza

3. A prática da pobreza

4. Pobreza de espírito

Conclusões

1 OS MODELOS DA POBREZA RELIGIOSA

Vamos mostrar os vários modelos de pobreza antes e depois do Concílio Vaticano II. A respeito da pobreza, os modelos têm mudado radicalmente e é necessário ver as vantagens e desvantagens que cada um deles oferece. Cada Província, se vai manter certa linha comum para evitar discórdias, precisa determinar seu modelo comum, por meio de consultas na base que devem finalizar com uma orientação capitular para dirigir a vida de toda a Província.

I. Modelos anteriores ao Concílio Vaticano II

1. O modelo de igualdade em tudo

A vivência da pobreza antes do Concílio Vaticano, em certo sentido, foi muito mais fácil, porque o modelo predominante procurou criar as mesmíssimas coisas em tudo e para todos/as. Houve poucas diferenças externas entre os membros individuais e todos os demais membros de uma comunidade ou de uma Província. Quase se poderia entrar em qualquer comunidade e achar as mesmas estruturas na pobreza externa. Não houve, de fato, diferenças notáveis no estilo da vida religiosa mesmo entre as congregações diferentes. A ênfase certamente foi no aspecto *exterior da pobreza* e não tanto na pobreza de espírito ou nas motivações interiores da pobreza.

O modelo nas congregações religiosas, podemos dizer, foi aquele que herdamos do modelo monástico antigo, no qual tudo foi regulado por "ele". Usávamos todos/as a mesma roupa, seja batina ou hábito, que exteriormente fez todos/as iguais. Normalmente possuíamos somente duas dessas roupas. Um hábito para o dia a dia, e um, em melhores condições, para os dias especiais e festivos. Os quartos em nossos conventos eram rigorosamente os mesmos e tiveram os mesmos móveis, às vezes, até regulados por normas rígidas especificadas na regra. Qualquer desvio dessas normas era considerado já uma ofensa séria contra a pobreza. Certas dependências eram em comum como, por exemplo, banheiros, refeitórios, salas de recreio, e, muitas vezes, nem houve quartos, mas sim, dormitórios. Havia somente uma televisão ou rádio para toda a comunidade, cujo uso era regulado pelo superior/a da comunidade. A comida também era bem regulada, para que todos pudessem receber a mesma porção, sem possibilidade de buscar na "segunda". Somente os doentes poderiam ter algo diferente na mesa, mas sempre com as devidas licenças do superior, para evitar faltas contra a pobreza.

Até a prática de nossa espiritualidade comunitária sofria a norma da "mesmíssima". Nossas meditações eram lidas em comum, de um livro único para todos. Religiosos/as não podiam determinar ler um livro que servisse melhor para suas necessidades pessoais. Tudo era em comum, e o comum ou "o mesmo" era a lei suprema da pobreza, segundo esse modelo. Essa norma tocou em todos os aspectos de nossa vida em comum: físico, material, espiritual e apostólico.

Qualquer presente recebido era automaticamente entregue ao superior/a da casa. E era por meio do discernimento do superior/a que um religioso/a poderia ter o direito de usar ou de não usar tal presente. Se a licença fosse recusada, era levado em conta somente o discernimento do superior/a para dar tal presente a outro membro da comunidade em necessidade. Esse sistema, que deveria ter o bem comum de todos em mente, sabemos que nem sempre aconteceu. Às vezes, o superior/a, por favoritismo, deu licença para um/a na comunidade para usar tal coisa material e, mais tarde, recusou licença para outro/a. Isso, é claro, causou certa confusão, se não até sofrimentos no meio da comunidade, porque pareceu que existiam normas diferentes quando era dito e ensinado na formação inicial que todos viviam segundo *as mesmas normas*. Pobreza, nesse sentido, era muito ligada com obediência religiosa e com o modelo da pirâmide, no qual a decisão do superior/a era suprema e definitiva. Tal obediência piramidal também predominou no discernimento sobre o uso das coisas na pobreza. Nesse modelo, o religioso, em geral, não tinha muita oportunidade para crescer na motivação interior e na prática de sua pobreza. A prática da pobreza era além de seu discernimento e, por isso, o religioso/a não precisava entrar num processo de maturidade para decidir sobre as coisas materiais em sua vida. Somente a decisão do superior/a dava para nossa pobreza a aprovação de "Deus". Foi mais "seguro".

Então, segundo esse modelo, o "diferente" em qualquer forma era o inimigo contra a observância da pobreza. Ao menos no exterior, qualquer diferença em qualquer forma era considerada uma ofensa contra a pobreza evangélica e precisava ser corrigida e removida pelos superiores/as e/ou pelos mestres/as da formação. A diferença foi até considerada um sinal de orgulho e pecado contra a norma do "mesmo". A interpretação fundamentalista do texto bíblico nos Atos dos Apóstolos era a norma sem falta nesse modelo da pobreza: "A multidão dos fiéis tinha um só coração e uma só alma, e ninguém considerava como suas as coisas que possuía, mas tinham tudo em comum" (At 4,32).

Correlacionada com a visão desse modelo era a ênfase não somente em viver com o necessário, mas considerada até uma virtude se pudesse livrar-se até do *necessário*. O mínimo, mais uma vez, implicou uma norma pela qual o religioso/a deveria até evitar o necessário para sua saúde e seu crescimento humano normal. Era considerado virtude privar-se até de coisas que tocaram em sua vida interior, especialmente se algo ia incluir alguma despesa a mais para a comunidade. Muitos religiosos/as, seguindo este modelo, até ficaram doentes e, depois, foi-lhes inclusive recusada a procura de consultas médicas, como se estas fossem algo de "luxo". Muitos religiosos/as sofreram física e espiritualmente por causa dessa visão distorcida de uma pobreza do "mínimo". Os recursos da comunidade existiam para serem mantidos e não para serem gastos em prol dos membros consagrados da comunidade.

E, mais uma vez, a ênfase era somente no *exterior* e para as coisas que pudéssemos ver e medir. Embora houvesse uma espiritualidade sobre a pobreza, a linha predominante era a da renúncia e de negar-se, *e não tanto uma linha de amor, de caridade, no crescimento espiritual e holístico e na vivência da pobreza evangélica*. Era possível, por isso, ser pobre no exterior, mas no interior um religioso/a poderia estar cheio de avareza, ciúmes e desejos de possuir o desnecessário. Em poucas palavras, era uma pobreza exterior forçada que não necessariamente ajudou o religioso/a a crescer no seguimento radical de Jesus Cristo.

Veremos que, quando finalmente este modelo foi questionado como o modelo predominante da pobreza, muitos religiosos/as simplesmente não estavam prontos para viver como adultos livres e responsáveis na vivência libertadora da pobreza. Por isso abusos contra uma verdadeira pobreza evangélica facilmente entraram, e o pêndulo foi ao outro extremo individual e comunitário. O espírito da pobreza que deveria orientar o interior foi faltando, segundo esse modelo. O interior deveria dirigir nossa vida exterior e não vice--versa. Portanto, a vivência religiosa da pobreza na pós-modernidade facilmente entrou no jogo de materialismo e consumismo, sem questionamentos sérios. O que queríamos denunciar como profetas do reino, por meio da virtude da pobreza, nem sempre aconteceu por falta de honestidade na vivência do "espírito da pobreza".

Esse modelo apresentou uma desvantagem evidente. Impediu a possibilidade de transcender o contexto estreito da compreensão da pobreza. A quantia de dinheiro que tinha e as coisas que eram permitidas possuir ou não possuir causaram preocupações infantis que frequentemente desembocaram em abusos.[1] Ficou evidente que precisávamos achar outros modelos que poderiam questionar não somente o exterior, mas, sobretudo, o interior para sermos profetas e profetisas da pobreza evangélica como foi vivida pelo Mestre Jesus. Esse modelo, como era vivido, não falou mais como uma testemunha de vida para nossa sociedade que valorizou as coisas materiais em si mesmas e o crescimento holístico dos indivíduos.

2. O modelo jurídico da pobreza

Antes do Concílio Vaticano, certamente houve muita ênfase sobre o aspecto jurídico na vivência da pobreza. Por aspecto jurídico quero dizer uma ênfase na *observância da lei* e não tanto *no espírito* que deveria orientar a prática da pobreza. A prática da pobreza era regularizada por uma porção de leis detalhadas que, no fim, determinavam se um religioso/a era pobre ou não. Havia uma ênfase interminável sobre a observância externa ou jurídica da pobreza. Observância externa, mais uma vez, era a prova da autenticidade sem preocupar-se tanto com a intenção ou com motivações internas. A

---

[1] O'Murchu, Diarmuid, *Religious Life: A Prophetic Vision*, Ave Maria Press, Notre Dame, Indiana, 1991, p. 167.

lei canônica ou as regras internas da congregação apresentavam para os religiosos/as uma linha jurídica e não tanto uma linha espiritual sobre o conselho evangélico da pobreza. Cumprir a lei automaticamente faria um religioso/a "pobre". Isto era a norma que regulava a vida de pobreza na comunidade por muito tempo. E essa lei era considerada correta somente se o religioso/a recebesse a devida licença para adquirir o uso de qualquer coisa material. Embora tivesse melhorado muito, esta noção continua na nova Lei Canônica que diz: "O conselho evangélico da pobreza... implica a dependência e a limitação no uso e na disposição dos bens, de acordo com o direito próprio em cada instituto".[2]

Em outras palavras, o discernimento sobre a escolha livre na prática de pobreza mais uma vez está principalmente com os superiores/as e não com o religioso/a que fez seu voto de pobreza. A pobreza era entendida como uma obrigação dos religiosos de renunciar a qualquer *uso independentemente* de todos os bens materiais. No decorrer dos séculos, o entendimento desse voto variou muito. Nos últimos séculos, a pobreza foi entendida como uma obrigação dos religiosos de renunciar a qualquer uso pessoal, independentemente de bens materiais. Essa prática era regularizada por meio da necessidade de receber licença do superior para o uso de qualquer bem material até do necessário para a vida pessoal ou para seu trabalho apostólico.[3]

Lembro-me, no seminário maior, de quando a cada semana precisávamos (de joelhos) pedir licença do reitor para o uso das coisas comuns da vida. Essa bênção do superior, então, justificava o uso de tudo, sem se preocupar com a motivação interior do religioso/a se tais coisas materiais fossem necessárias ou não. A lei e a licença justificaram tudo na prática da pobreza.

E a licença adquirida do superior/a poderia acalmar a consciência do religioso/a sem exigir dele/a qualquer discernimento ou responsabilidade pessoal. Também as ordens e congregações precisavam adotar e escrever este mesmo modelo jurídico em suas constituições e estatutos, se quisessem conseguir sua aprovação diocesana ou papal. Sem este modelo jurídico, havia pouca chance de aprova-

---

[2] *Código de Direito Canônico*, Edições Loyola, São Paulo, 1983. Cf. Cânone 600, p. 279.

[3] Schneider, Sandra M., *New Wine Skins*, Paulist Press, New York, 1986, p. 90.

ção eclesial. A regra de vida, portanto, era mais na linha de "lei" do que no "espírito" da observância da pobreza. Uma simples comparação da velha regra com as novas constituições exigidas depois do Concílio Vaticano II comprova essa verdade. Parece que a pobreza era mais um exercício da obediência (licença) do que um espírito evangélico da pobreza (libertação). A reflexão contemporânea sobre a prática da pobreza frisa, em primeiro lugar, que a dependência total de superiores sobre o bem-estar material do consagrado/a está sendo vista como trivial a respeito do sentido da pobreza evangélica, e até favorece a imaturidade e a irresponsabilidade.[4] Em poucas palavras, é infantil e não ajuda o consagrado/a a crescer em sua busca de amar a Deus e ao próximo, que é o mais importante.

Mas esse modelo não evitou alguns abusos, seja da parte do superior/a que fez o discernimento ou do religioso/a que acolheu sem participação. O modelo jurídico causou uma interpretação e compreensão estreita da pobreza. Reduziu a pobreza somente à questão de *quantidade* nas coisas materiais. Eram as normas jurídicas que determinavam a quantia de dinheiro que cada religioso/a teria e as coisas que nos eram permitidas possuir ou não possuir, o que causava preocupações infantis e até transtornos na comunidade.[5] A grande falta nesse modelo, mais uma vez, foi a ênfase no exterior ou no cumprimento exterior da lei, sem frisar o mais importante: *a motivação interior que deveria regular o exterior na prática da pobreza*. Também foi um modelo que não colocou o peso da vivência e da responsabilidade da pobreza no próprio religioso/a, mas todo o peso veio do exterior, seja por leis ou pela pessoa do superior/a que regulou a vivência desta lei em nome de Deus e do próprio religioso.

Não podemos negar que esse modelo jurídico santificou muitos religiosos/as, que foram capazes de superar uma visão puramente legalista. Eles/as acharam outro modelo que combinou o espiritual com o jurídico. Superaram a observância estritamente exterior da lei para viver uma pobreza evangélica e espiritual que veio de dentro para fora. Houve uma vivência profética da pobreza por parte de muitos religiosos/as que viviam este modelo. Mas, também, houve um grande número de religiosos que praticavam a pobreza "por

---

[4] Ibidem, p. 91.

[5] O'Murchu, op. cit., p. 167.

força maior" e não por razões ou convicções espirituais. A profecia era forçada ou a motivação era de *medo*, que não ajudava ninguém a crescer no seguimento radical de Jesus. O modelo agia mais como um *controle* do que como uma escola de libertação evangélica na linha de Cristo. Cristo quis um modelo que exigiu mais radicalidade de espírito motivado pelo amor a Deus e ao próximo, que está no coração da teologia da vida consagrada (Mt 19,16-22).

3. O modelo moralista

Outro modelo da pobreza, quase igual ao jurídico, foi o moralista. Esse tinha por finalidade regular a virtude ou determinar quais seriam os pecados contra a pobreza. Era um modelo que frisava o aspecto *quantitativo*. Quer dizer, tudo era determinado pelo exterior de novo, mas dessa vez a questão era quanto dinheiro ou posse estavam incluídos na questão. Era essa quantidade que moralmente determinava se uma ofensa contra a pobreza era um pecado venial ou um pecado sério. Esse modelo quantitativo, de fato, teve influência também na consideração moralista dos outros dois votos: obediência e castidade. Por exemplo, se eu tivesse pouco dinheiro sem licença em um bolso, tal ofensa era moralmente considerada como um pecado venial. Mas se eu tivesse uma quantia razoavelmente grande sem licença no outro bolso, então era acusado de cometer um pecado sério.

A pobreza era então determinada moralmente por duas considerações: a busca da devida licença do superior/a e a quantia de dinheiro envolvida na questão. E essas duas determinações são mais uma vez uma questão de exterioridade e de redução do voto para considerações da quantia de coisas materiais. Vivendo este modelo, eu poderia ficar dentro dos perímetros das duas determinações e, por isso, sem pecado ou ao menos com um pecado leve. Poderia ficar tranquilo com minha consciência, porque, mais uma vez, o modelo não necessariamente exigia de mim uma *atitude interior* que deveria orientar o exterior. A licença do superior/a justificava a falta da prática de minha pobreza mesmo se meu espírito me acusasse de querer o desnecessário. Quantia exterior também justificava que eu ficasse tranquilo se minha consciência claramente me acusasse que estava sendo falso segundo meu voto interior. Este modelo foi a fonte de muitos abusos na busca de coisas desnecessárias em nossa vida pessoal e comunitária. Mas moralmente poderia justificar tudo, se não fosse algo sério.

Esse modelo também colocou o religioso/a fora da margem de profecia. Fazer o mínimo ou o comodismo poderiam ser o resultado desse modelo, e, assim, nossa profecia ficou muda e bloqueamos a animação do Espírito Santo, individual e comunitariamente, que nos chamou a testemunhar mais o espírito da pobreza na Igreja e no mundo. O estilo de vida de classe média de religiosos/as foi assim justificado. Poderíamos ficar confortáveis e seguros sem qualquer questionamento sobre a necessidade de buscar radicalidade e profetismo. O religioso/a professou viver uma ideologia chamada pobreza, mas ele/ela pode encher sua vida com coisas insignificantes, legalismos e considerações monetárias e morais que não levam à conversão.[6] Essa vivência contradiz a profecia da viúva pobre que deu para o cofre do templo o pouco que possuía, enquanto os ricos deram muito, mas somente do que sobrava (Mc 12,41-44). Cristo condenou a atitude dos ricos que voltaram para casa sentindo-se justificados porque deram de seu supérfluo. Segundo Cristo, eles não cumpriram o *espírito da lei*. Eles não deram por amor, por culto e adoração, mas simplesmente por autossatisfação em orgulhosamente cumprir uma lei e, além disso, serem vistos no processo. Cristo louvou a pobre viúva, porque ela captou *o espírito atrás da lei* e ela deu tudo que possuía, o que era mínimo aos olhos dos homens, mas era máximo aos olhos de Deus.

Mais uma vez podemos concluir que esse modelo tem santificado muitos religiosos/as no grau em que eles/elas deixaram que o *espírito de amor* regulasse estes dois pontos determinantes, a licença e a quantia envolvida. A virtude foi na abertura diante do Espírito Santo, e o pecado foi no fechamento aos movimentos do Espírito no interior, em que a pobreza começa e termina. O pecado foi na recusa de deixar o Espírito Santo questionar nossas motivações que nos libertam e que nos dirigem para a radicalidade no seguimento de Jesus Cristo e na profecia do desejo de continuar Jesus Cristo pobre no mundo de hoje.

---

[6] O'Murchu, op. cit., p. 164.

Diante desses modelos, podemos concluir que eles em si deixaram muito a desejar. O problema veio e ainda vem da situação de uma concentração exclusiva da vivência de uma só forma de pobreza. O que precisamos é de uma combinação de vários outros modelos ao mesmo tempo para balançar as vantagens e as desvantagens de cada modelo.[7]

Podemos ver algumas vantagens nesses três velhos modelos considerados. Ajudaram os religiosos/as a viver e trabalhar juntos, com a finalidade de profetizar a pessoa e a boa-nova de Cristo. Exigiram dos religiosos/as uma livre partilha dos bens materiais como nas comunidades dos Atos dos Apóstolos (At 4,23). Exigiram também a união fundamental de coração e de espírito. Onde estes modelos foram animados interiormente, e não só exteriormente, ficou claro que a pobreza deveria ser motivada pela *caridade* e não pela observância externa ou pelas considerações jurídicas. Esses modelos também eliminaram toda diferença entre "rico e pobre" na comunidade, porque focalizaram na igualdade de todos. Tais modelos agiram contra a raiz de procurar posse que poderia causar a avareza, a vaidade e até a idolatria ou a adoração das coisas materiais. A inspiração espiritual destes modelos foi a caridade por meio da partilha mútua de bens que profetizou o cuidado e carinho mútuos que os membros da comunidade, sentiram um pelo outro/a. E, finalmente, o valor do outro/a na comunidade não foi tanto no que eles possuíam ou fizeram, mas no que eles *foram*, que contradisse a norma que o mundo materialista pregou de valorizar somente os que têm, fazem e produzem. "A multidão dos fiéis tinha um só coração e uma só alma" (At 4,32). Essa afirmação foi mais importante do que o que cada religioso possuiu ou fez, que foi uma vantagem desses modelos antes do Concílio Vaticano II.

As desvantagens desses modelos ficaram cada vez mais evidentes quando as dificuldades, em tentar viver uma partilha material radical, tornaram-se mais complexas na pós-modernidade. Era muito fácil quando todos viviam no mesmo lugar no mosteiro. Mas ficava cada vez mais difícil nas congregações ativas determinar entre o que era necessário e o que era desnecessário. Era difí-

---

[7] Grosh, Geraldo R., S.J. *"Models of Poverty"*, Review For Religious, vol. 34, 1975/4, p. 550-558.

cil viver uma partilha radical quando um irmão/ã precisava mais que o outro de coisas materiais, por causa de sua função ou de seu trabalho apostólico. A própria vida comunitária e apostólica criou uma situação de *diferenças*. Quando um superior/a considerava que um merecia licença, mas outro não merecia a mesma licença, então o modelo causava diferenças evidentes entre os membros da comunidade. A norma do comum absoluto começava a cair como algo impossível de viver segundo a estrita norma do "mesmo". Regras puramente externas (os modelos jurídicos e moralistas) foram difíceis de manter sem um modelo que questionasse a motivação interna do consagrado/a.

Os modelos que vimos até agora não tocaram necessariamente no interior do consagrado/a, mas no mero formalismo de pedir licença ou de cumprir uma questão quantitativa. O Concílio Vaticano alertou-nos que tais modelos contiveram certas desvantagens. "Para a prática da pobreza religiosa não basta submeter-se, no uso dos bens, aos superiores, faz-se ainda mister que os membros sejam pobres de fato e de espírito."[8] E de novo: "Embora os institutos, respeitadas as regras e constituições, tenham o direito de possuir todo o necessário para a vida temporal e para as obras, evitem, no entanto, toda manifestação de luxo, de lucro imoderado e de acúmulo de bens.[9] Eis as desvantagens, em poucas palavras, dos velhos modelos citados acima: o perigo da manifestação de luxo, lucro imoderado e o acúmulo de bens desnecessários.

4. O modelo de pobreza espiritual anterior ao Concílio Vaticano II

O modelo de pobreza espiritual predominante antes do Vaticano II era o de uma visão muito negativa e de desconfiança. Os religiosos/as foram formados para desconfiar de si mesmos e, certamente, evitar qualquer reconhecimento de seus dons e talentos. Quase tudo caía na área do negativo e de como evitar perigos, mais do que na questão de louvor e agradecimento, confiança em Deus, que são

---

[8] Compêndio do Vaticano II, op. cit., par. 1254, p. 496.

[9] Ibidem, par. 1257, p. 497.

elementos que falam da pobreza espiritual. O conceito do amor incondicional de Deus era muito estranho, segundo os princípios deste modelo. Desconfiança de si até era considerada uma virtude segundo este modelo, e quanto mais pudesse desprezar sua pessoa, melhor seria para a vivência da pobreza espiritual. A meta era esconder todos os dons e talentos para evitar orgulho, porque com orgulho não seríamos "pobres de espírito". Alguns livros espirituais clássicos promoveram essa linha, como descrito no livro *A Imitação de Cristo*, de Thomas Kempis. Ele diz que "não há melhor e mais útil estudo que se conhecer perfeitamente e desprezar-se a si mesmo".[10] Foi uma espécie de aniquilamento de sua personalidade, em nome da pobreza que, de fato, não permitiu que o consagrado/a chegasse a um hino de louvor a Deus pelos talentos que possuiu. Reconhecimento de um dom já era considerado uma falta contra a pobreza. *Então, os dons e talentos foram escondidos e até suprimidos em nome da prática da pobreza espiritual.* Não posso frisar quanto mal foi causado por esta visão tão estreita e não evangélica da pobreza espiritual. Mais uma vez, quem determinou se tal dom ou talento que o religioso/a possuía poderia ser desenvolvido foi o superior/a da comunidade. O próprio religioso/a não teve voz sobre essa questão. Pobreza de espírito neste modelo não permitia autoconhecimento nem autorrealização em qualquer forma. Todos os livros sobre a vida dos Santos/as nesse tempo frisavam e louvavam essa atitude de desprezo de si mesmo. Foi o modelo padrão de pobreza e de santidade.

De novo, alguns religiosos/as se santificaram vivendo esta forma da pobreza espiritual, porque eram capazes de superar esta visão defeituosa para realmente serem capazes de oferecer a Deus um ato de culto e adoração por meio de seus dons na pobreza espiritual. Eles eram capazes de reconhecer que tudo veio de Deus e deve voltar para Deus num cântico de louvor. Mas a grande maioria de pessoas consagradas foi condenada/o a não celebrar a manifestação de Deus em suas vidas, como Maria fez em sua pobreza evangélica: "O Senhor fez em mim maravilhas (reconhecimento), e *Santo é seu nome* (culto e adoração)".

---

[10] Kempis, Thomas, *Imitação de Cristo*, cap. 2, n. 3.

II. Novos modelos depois do Concílio Vaticano II

1. Introdução sobre as mudanças

Para entendermos o que aconteceu para revolucionar certos aspectos da vivência do voto de pobreza, precisamos examinar as mudanças que aconteceram dentro e fora da Igreja. Logo depois do Concílio, houve movimentos sobre novas maneiras de enxergar o mundo e maneiras diferentes de apreciar o indivíduo e seus dons. A vida religiosa também teve de questionar sua maneira de viver a pobreza na vida consagrada, incentivada pelo fato de que a própria Igreja se juntou com o resto da sociedade na busca de novos modelos de ser Igreja neste mundo moderno. E a pobreza, mais do que a obediência e a castidade religiosa, foi a primeira a apresentar alternativas na vivência evangélica em querer seguir Jesus Cristo radicalmente. Houve sérios questionamentos se nossa pobreza tradicional realmente falou algo profético para o mundo da pós-modernidade. De repente, a pobreza como foi vivida tradicionalmente não podia ser reduzida somente a uma visão estreita do "mesmíssimo" ou somente a seus aspectos jurídicos ou moralistas. Descobrimos que o conceito de pobreza foi muito mais vasto e mais comprometedor com Deus, com a Igreja e com o mundo.

O sentido novo da pobreza começou a frisar nosso relacionamento com o mundo criado, nosso sentido de corresponsabilidade como guardiões do cosmos, e os necessários cuidados com a natureza. Fomos responsáveis por cultivar um ambiente onde todos pudessem viver em harmonia e justiça com os bens da terra. Pobreza significou que somos obrigados a tratar com respeito a terra da qual recebemos vida e substância. Diante disso os religiosos/as precisariam ser profetas, com voz forte contra as forças que destroem a criação e que exploram povos em um mercado competitivo e consumista. Sem um conceito teológico e renovado sobre a criação, o voto de pobreza foi condenado a cair em um contexto estreito e tradicional que perderia a força profética de seu contato e sentido com o povo que estava querendo servir.[11] Esse novo conceito foi revolucionário e teve efeitos imensos na vivência da po-

---

[11] O'Murchu, op. cit., p. 169.

breza neste mundo pós-moderno. Como Irmã Schneider comenta: "O Concílio Vaticano II colocou a vida religiosa dentro da Constituição dogmática da Igreja (*Lumen Gentium*). Nesse documento histórico, a Igreja renunciou a sua posição ou visão negativa a respeito do mundo e reafirmou a solidariedade com toda a humanidade, com a tarefa de transformar este mundo em um contexto justo e pacífico para conseguir o crescimento pacífico para toda a vida".[12]

Outro aspecto, novo, foi o *aspecto político* da pobreza. O voto religioso da pobreza, em seu aspecto profético, tem implicações políticas evidentes. Simplicidade de vida e busca da justiça social não podem ser vividas sem referências aos poderes dominantes, sua política e suas atividades. Rezando pelos pobres e falando de sua pobreza, seria pura hipocrisia para os religiosos/as se isso não fosse acompanhado pela tentativa de aliviar os sofrimentos e dores do povo sofrido. Se o voto de pobreza vai fazer qualquer sentido hoje para os próprios religiosos/as, nem se fala para o mundo, então ele não pode ser entendido como uma realidade pessoal e intimista operando em um sistema fechado nos conventos. A pobreza religiosa precisa relacionar-se com o enorme projeto humano para organizar os recursos materiais do mundo e para criar um mundo genuinamente humano. Precisamos de corresponsabilidade no destino de nosso mundo, na libertação dos pobres e nas reformas institucionais. Os religiosos precisam profeticamente mostrar os valores evangélicos nesta luta mundial, na qual buscam por um mundo justo e fraterno.

Isso colocou a pobreza dentro do quadro da *ação social* que exigiu um sentido de solidariedade com os pobres mesmos e uma prontidão para denunciar as forças opressoras que empobrecem seres humanos e a terra que habitamos.[13] Em seu sentido mais profundo, a pobreza religiosa reconhece que, diante de Deus, todos os seres humanos são corresponsáveis para cuidar da criação. A criação fornece o necessário para que os bilhões possam viver em dignidade e alegria e todos/as são corresponsáveis para cuidar desse dom. A vida religiosa percebeu que ela precisa profetizar tudo isso, segundo seu voto de pobreza. Ela precisa estar na vanguarda deste movimento, segundo seu voto de pobreza. Na vida religiosa, a pobreza é o voto mais fácil para se enten-

---

[12] Schneider, *New Wine Skins*, op. cit., p. 88-89.

[13] Ibidem, p. 102.

der dos três – castidade, obediência e pobreza –, no sentido de que os valores dominantes como partilha, simplicidade, responsabilidade ecológica, interesse e cuidado do mundo criado têm ressonância no mundo contemporâneo que, de fato, desrespeita a criação. O voto de pobreza anuncia os valores evangélicos de partilha e fraternidade e, no mesmo momento, denuncia os abusos contra os pobres que não têm acesso aos produtos deste mundo para viver em dignidade.

Uma consequência dessa reflexão, especialmente no terceiro mundo, levou os religiosos/as a concluir a necessidade de assumir uma opção preferencial pelos pobres de fato. A opção preferencial pelos pobres é problemática para muitos religiosos/as, porque no fundo eles/elas sabem que estamos tomando uma posição importante que vai exigir um preço a pagar. Vai exigir um deixar, um êxodo, uma conversão efetiva de uma vida mais cômoda, para poder assumir algo muito mais comprometedor na vivência deste voto diante dos pobres deste mundo.

A opção preferencial pelos pobres não significou que os religiosos/as fariam algo em favor dos pobres. Significou que os religiosos/as foram convocados para a tarefa de fazer amizade com os pobres e, assim, iniciar um processo que os capacitaria a procurar os requisitos básicos para viver em dignidade e autorrespeito. Essa nova visão da pobreza exigiu dos consagrados/as um doar-se de si mesmos, de seu tempo, seus recursos, mas, mais importante, exigiu uma forma de *solidariedade* para com os pobres. Exigiu também a coragem para protestar contra as forças de injustiça e opressão. O Catecismo da Igreja Católica e muitas outras fontes como as conferências de Medellín e Puebla citaram algumas verdades sobre a pobreza que, no passado recente, seria difícil achar em um tratado sobre a pobreza religiosa. Religiosos/as foram forçados a se confrontar com esses novos aspectos sociais de sua pobreza.

São João Crisóstomo lembra essa verdade em termos vigorosos: "Não deixar os pobres participarem dos próprios bens é roubá-los e tirar-lhes a vida. Nós não detemos nossos bens, mas os deles. É preciso satisfazer acima de tudo as exigências da justiça, para que não ofereçamos como dom da caridade aquilo que já é devido por justiça".

E São Gregório Magno disse que: "... quando damos aos pobres as coisas indispensáveis, não praticamos com eles grande generosidade pessoal, mas lhes devolvemos o que é deles. Cumprimos um dever de justiça e não tanto um ato de caridade".[14]

Outro fenômeno apareceu e mudou várias coisas na vivência e no estilo de vida dos religiosos/as a respeito da pobreza. Foi o fenômeno de *inserção*. Pobreza no sentido de inserção significou uma troca de orientação no apostolado. Ao invés de chamar o povo para onde os religiosos/as estão, *os religiosos por opção vão ao encontro do povo onde ele está*. Foi esta chamada à inserção que exigiu uma saída não só do lugar social onde os religiosos antigamente viviam e faziam seus apostolados, mas uma conversão do interior dos religiosos/as que assumiram esse desafio profético. Toda a inspiração teológica para esse movimento foi o sentido profundo e teológico da Encarnação do Verbo que *desceu, se fez um de nós e viveu entre nós*. O Verbo de Deus tornou-se Emanuel – Deus Conosco, o Deus inserido. Os religiosos que assumiram esse movimento fizeram um profundo sacrifício de deixar o conforto de uma vida e um estilo de vida em nossos mosteiros e conventos para assumir viver *com* e *como* os pobres, sem privilégios e sem nossas seguranças. Trataremos mais tarde desse fenômeno na prática da pobreza, mas basta dizer aqui que o movimento de inserção teve grandes sucessos, mas também grandes fracassos. Alguns religiosos/as simplesmente ou não foram preparados para assumir esse desafio santo, ou não quiseram mudar (conversão) para viver essa mesma exigência de descer ou do kenosis do Redentor para ser praticamente Emanuel ao povo.

E, finalmente, descobrimos que, na pobreza espiritual, há uma obrigação de reconhecer nossos dons e talentos e usar esses dons para servir aos pobres do mundo. Foi errado desprezar o que veio de Deus, que foi modelo em vigor. Foi errado ter uma visão negativa de nossas pessoas como filhos/as de Deus. Os consagrados aprenderam de novo a sentirem-se bem consigo e a celebrarem um cântico de louvor a Deus, porque tudo veio de Deus e na pobreza devolvemos a Deus. "O Senhor fez em mim maravilhas, e Santo é seu nome!"

Com esses movimentos e sinais dos tempos, os modelos tradicionais em si não falavam muito para os religiosos/as e para o mundo. De

---

[14] *Catecismo da Igreja Católica*, Edições Loyola, São Paulo, 2000, p. 631-632.

fato, foram achados defeituosos e prejudiciais para o crescimento no amor a Deus e ao próximo que devem reger toda a vida consagrada. Assim começou a busca de modelos alternativos que falariam mais claramente e profeticamente ao mundo de hoje. Examinemos agora alguns desses modelos, apontando suas vantagens e desvantagens.

2. A pobreza como simplicidade de vida

Esse modelo frisa a *pobreza material* ou a *pobreza de fato*. É um reconhecimento de que não precisamos de tantos bens materiais para viver com dignidade como filhos/as de Deus. Reconhece que a busca frenética das coisas materiais é uma das causas de distanciamento de Deus e uma distração na busca de viver o único absoluto em nossa vida consagrada, Deus. Sem a preocupação de buscar posses desnecessárias, o religioso/a pode então dedicar seu tempo integralmente a Deus (oração e liturgia) e em seu trabalho em favor do reino (disponibilidade apostólica). Não há dúvida de que, sendo mais livre de preocupações materiais, o consagrado/a seria muito mais disponível para servir a Deus e ao próximo, especialmente aos pobres. Este modelo foi novo no sentido de que houve um reconhecimento honesto de que os religiosos/as em geral possuíam muitas coisas materiais desnecessárias. Houve certo afastamento da simplicidade de vida que marcou a vida consagrada desde seu começo com os Padres e Madres do deserto. Assim, sua profecia sacrificou muito especialmente os religiosos/as vivendo no contexto de inserção ou de comunidades nos meios populares.

Essa forma de pobreza tem várias vantagens. O modelo em si age como um freio na busca de coisas desnecessárias. Questiona a maneira que a comunidade usa e desfruta de seu dinheiro em comum. Ajuda os consagrados/as a ter solidariedade para com os pobres, porque vivem como eles na simplicidade de vida, sem sinais de qualquer luxo. Assumiram viver dentro de um orçamento como os pobres precisam fazer. E, finalmente, ajuda no discernimento sobre o estilo de vida que a comunidade deve assumir diante das realidades pobres que a cercam.

Mas esse modelo também carrega desvantagem em sua prática. Houve tanta ênfase no "como" viver esse modelo que muitos religiosos/as esqueceram o "porquê" desse modelo da pobreza. Em todos os modelos que frisam a vivência externa da pobreza, a motivação interna mais cedo ou mais tarde sofre. A lei, a quantia, a maneira tornam-se mais importantes do que o verdadeiro alvo que é o desejo de seguir Jesus Cristo pobre, que começa no interior e não nestas coisas exteriores. De repente, membros de uma comunidade podem até começar a discutir sobre coisas mesquinhas e a alegria em viver uma pobreza profética desaparece. A motivação é reduzida para coisas quantitativas e materiais, o coração fica insensível e não permite chegar a uma libertação que nos direciona para uma experiência de Deus. Criou-se até um tipo de farisaísmo em que julgamos com desamor os outros membros da comunidade ou da Província que não seguem as mesmas normas externas de pobreza que nós determinamos para eles.

Esse modelo já dividiu algumas comunidades e províncias inteiras entre as "ovelhas" que serão salvas (os que praticaram este modelo) e os "cabritos" que serão condenados (os que não concordaram com ele) (Mt 25,31-40). Uma facção acusa a outra de infidelidade ao carisma fundacional e à autêntica vivência da pobreza. O próprio exercício de misericórdia e compaixão, que é um sinal da pobreza, foi totalmente esquecido no meio da discórdia. Dividiu, em vez de unir irmãos/ãs na mesma caminhada de consagração, o que foi um sinal claro de que algo estava faltando na vivência deste modelo da pobreza. A pobreza deve levar os religiosos/as a viver o evangelho todo e não somente uma parte, como a pobreza. O amor continua sendo a prova final de que o modelo é autêntico ou não.

3. A pobreza como disponibilidade apostólica

Esse modelo saiu de uma visão puramente quantitativa da pobreza para incluir o conceito de *serviço* como um elemento essencial da pobreza. No coração da pobreza, como disponibilidade apostólica, está a necessidade de sair de si mesmo em sua pobreza para servir aos outros/as em qualquer necessidade que não permite que eles vivam sua dignidade de filhos/as de Deus. Segundo este modelo, tudo o que existe na comunidade religiosa, coisas materiais, mas também os dons e talentos de todos os membros, é colocado à disposição daqueles em qualquer necessidade humana e espiritual, seja dentro ou fora da comunidade. Fala de doação e partilha como elementos essenciais da pobreza. Esse modelo fala de serviço concreto aos necessitados. A característica que deve predominar nesse modelo é *uma generosidade livre e alegre*. O serviço evangélico é a profecia atrás deste modelo: "Eu vim para servir e não para ser servido" (Mt 20,28). Essa forma de pobreza não é tão fácil como aparenta. Sua vivência exige um desprendimento de muitas coisas materiais para poder ser generoso no serviço. Exige um desapego às coisas materiais para poder, realmente, dedicar-se aos necessitados. Exige muita caridade, de forma que a pessoa saia de suas próprias preocupações materiais para poder amar de verdade aqueles/as em maiores necessidades. É uma pobreza muito mais visível, porque o religioso/a precisa mexer com situações humanas que muitas vezes são desumanas.

Isso já existia nos velhos modelos, mas não no sentido de que os religiosos/as estavam praticando a pobreza, mas sim a caridade. Pobreza somente foi considerada no aspecto material. Mas sem o esforço de deixar a preocupação com as coisas materiais, a caridade muitas vezes foi superficial e funcional. Esse modelo chamou os religiosos a realmente amar os que servem, não pelo serviço em si, mas porque Cristo estava neles e "o que fizer para eles, você fará para Mim". As vantagens dessa forma de pobreza foram novas e animadoras. Seu foco não ficou centrado na pessoa que a praticou, mas sim no *destinatário do serviço*, especialmente os pobres. Saiu do perigo de fazer da pobreza algo puramente intimista e até egoísta. Também saiu de uma visão puramente monástica para uma visão apostólica e mais profética. Assim ficou muito mais flexível em sua vivência do que vivendo uma porção de leis e normas moralistas dentro da comunidade interna. Realmente libertou muitos religiosos/as de sua visão estreita e egocêntrica desse voto.

Mas também esse modelo carregou algumas desvantagens. Sua vivência começou bem, mas, de repente, a eficiência e os resultados ficaram mais importantes do que as pessoas que queríamos servir. Para podermos cumprir nossos apostolados, qualquer coisa material era julgada justificada, e logo perdemos muitos dos sinais de nossa pobreza de fato. Uma pobreza material foi esquecida e causou em muitos casos um grande antitestemunho da pobreza. Precisávamos dos últimos modelos de computadores em prol da missão. E de carros. E disso e daquilo. E a lista nunca terminava. Mas houve o perigo real de uma falsidade material no meio disto, porque faltou discernimento e honestidade individual e comunitária. Sem qualquer dúvida, este modelo pode causar uma acumulação de bens desnecessários que apaga qualquer sinal externo da pobreza que queremos testemunhar. Falta, às vezes, a prudência que atrapalha a profecia de nossa pobreza. Precisamos de "coisas materiais" sim, mas, em uma situação de pobreza social onde atuamos, religiosos/as correm o risco de comunicar ao povo um puro discurso mais do que algo de verdade. Passamos horas e horas com toda esta nova tecnologia, que até esquecemos o povo que viemos *servir* e que deve estar no coração deste modelo. A tecnologia e os instrumentos nos distraem da meta que são os pobres e a experiência de Jesus Cristo que queremos servir neles.

E, finalmente, houve outro perigo nessa forma de pobreza. Quando saímos do modelo de pobreza do "mesmíssimo", a realidade de individualismo exagerado foi introduzida pessoalmente e comunitariamente. Religiosos/as agora começavam a justificar *a posse individual* de tudo sem a necessidade de partilhar essas coisas com os outros membros da missão. De repente, existia somente a triste realidade de guardar as coisas para si. Por exemplo, agora são "meu computador", "meus livros", "meu carro", não existe mais na realidade a palavra "nossa" na prática da pobreza. A lei canônica nos lembrou desse perigo quando disse: "Qualquer coisa que o religioso adquire por própria indústria, ou em vista do instituto, *adquire para o instituto*".[15]

Para viver esse modelo de pobreza como serviço gratuito e apostólico, o religioso/a individual e comunitariamente precisava apelar para a vivência da pobreza conjunta com um dos modelos que frisava a necessidade da pobreza material. Juntando com esse outro modelo de pobreza material, os religiosos/as teriam um meio para julgar melhor se tal coisa que queriam usar era de fato necessária ou é desnecessária para o bem de seus apostolados e serviços. Serviria como um freio necessário para regular o uso de coisas que possivelmente causariam escândalo especialmente entre os pobres. E precisávamos aprender a achar um meio para colocar de novo a maioria das coisas em comum. Esse modelo precisava questionar nosso individualismo egocêntrico.

---

[15] *Código de Direito Canônico*, op. cit., Cân. 668, p. 311.

4. A pobreza como testemunho profético

Esse modelo sai radicalmente dos anteriores que tocam no aspecto puramente material para poder frisar *o aspecto da pobreza espiritual*. Deixa de lado considerações materiais em primeiro lugar para frisar mais a questão *qualitativa* da pobreza. Sua finalidade é libertar o religioso/a dos valores materialistas de nossa sociedade e suas consequências, isto é, a busca do ter e do poder. Assim os religiosos/as podem realmente ser um sinal profético no meio desta sociedade materialista. Esse modelo exige um questionamento interno sobre nossas motivações, que, possivelmente, buscam qualquer ter ou poder que nos cercam em tudo em nossa sociedade materialista, e até em nossos conventos, para ver se essas motivações estão ou não em sintonia com os princípios do evangelho. Sua finalidade é confronto com nossas motivações, para podermos chegar à libertação na prática da pobreza em um mundo materialista. É um reconhecimento honesto de que humanamente é fácil cair nas garras dos inimigos que atrapalham nosso testemunho profético de uma vivência autêntica da pobreza. Este modelo exige que precisamos buscar primeiro purificar nossas motivações antes de optarmos por usar as coisas materiais, posse ou poder em nossas vidas.

A vantagem desse modelo é que sai da questão puramente material para entrar na área de motivações internas. Exige muita honestidade e muito confronto. Ajuda a vivência da pobreza a começar por dentro, que necessariamente termina no exterior, mas agora purificada pelos questionamentos internos.

A desvantagem é que esse modelo causa, cedo ou tarde, certa duplicidade de valores. Embora fale do valor da pobreza e da rejeição do ter e do poder, do outro lado os religiosos/as logo estão vivendo exatamente o oposto do que pregam. Há uma enorme dificuldade em viver um puro testemunho da pobreza sem ser atingido pelo ter e pelo poder, e assim nosso testemunho fica oco, se não em certos casos até falso. Exatamente o que condenamos começamos a viver. Todos nós experimentamos isso quando lemos atas de nossos capítulos gerais e provinciais que falam de pobreza em termos evangélicos, mas sabemos que a vivência está muito longe do ideal. Não vivemos o que pregamos ou o que aparece no papel. Há um enorme espaço entre o discurso e a prática. Tudo isso tem efeito negativo em nossa profecia neste continente pobre.

Para ser efetivo, esse modelo precisa combinar-se com outro que fale da pobreza material para purificar muitas justificações que tentam acalmar nossas consciências e infidelidades na vivência da pobreza. Sem algum tipo de pobreza material, a profecia espiritual simplesmente não acontece.

5. A pobreza como união com o pobre e o explorado

Essa forma de pobreza predominou por algum tempo na vida consagrada, especialmente nos países do terceiro mundo, como na América Latina, na África e na Ásia. A teologia da libertação está no centro desse modelo e o inspira. Esse acredita que uma liberdade econômica dos pobres e dos explorados trará também uma liberdade evangélica. Enquanto os filhos/as de Deus não podem viver com dignidade, eles não podem exercer sua liberdade como seres humanos e filhos/as de Deus. O religioso/a nesse modelo *opta por achar sua experiência de Jesus Cristo presente nos sofrimentos dos pobres e abandonados da sociedade.* Como o anterior, essa forma de viver a pobreza frisa muito o aspecto profético e o aspecto de testemunho. Critica todos os modelos anteriores de serem deficientes, porque os religiosos/as não participam ativamente dos sofrimentos dos pobres. Os outros modelos são acusados de serem falsos, porque eles não têm um contato direto com os pobres. Por isso, este apresenta o desafio de deixar todos os nossos privilégios e nossas mordomias religiosas para podermos viver *com e como os pobres.* É uma pobreza que exige inserção radical entre os pobres. É radicalmente deixar tudo para poder viver até na mesma miséria dos próprios abandonados da sociedade. A pobreza nesse modelo é vista como um *mal* que leva o ser humano para uma situação de subdesenvolvimento. A pobreza não é um ideal evangélico, mas um mal causado pela injustiça social e pela ganância dos poucos na sociedade. O novo reino de Deus inaugurado por Jesus é um reino de libertação para uma vida nova e mais digna. Liberdade da dor, da doença, da opressão, da pobreza e uma falta de ter o necessário para viver com dignidade são a esperança deste modelo. Em nenhum lugar do Novo Testamento Jesus aprova ou promove que o povo deve ser pobre. A pobreza é um mal; algo que deve ser eliminado. Das 24 referências aos pobres no Novo Testamento, 21 estão relacionadas com os que não têm, materialmente falando, o necessário para viver com dignidade.[16] Os pobres são declarados bem-aventurados não porque são pobres, mas porque são os destinatários do novo reino de Deus, inaugurado por seu Filho Jesus. A pobreza daqueles para quem Jesus anunciou a boa-nova fala das condições desumanas que fazem os pobres vítimas da fome e da opressão. A pobreza é um mal, e, precisamente por esta razão, os sofrimentos e privações dos pobres são um desafio, porque Deus quer acabar com a pobreza material.

E os religiosos/as que seguem este modelo livremente se fazem pobres como Cristo fez. Nesse modelo de profecia o religioso/a *livremente* abraça a pobreza material, considerada um mal, por *um motivo de amor aos pobres* e um protesto contra a pobreza forçada em cima deles pela sociedade injusta. Esse modelo exige, então, uma identificação profética com os pobres. Tem vantagens especialmente em uma situação social escandalosa como no terceiro mundo. É um testemunho muito visível de pobreza material. É uma opção para viver um mal, para poder profetizar que é exatamente este mal que Deus quer eliminar. E é profético porque os religiosos/as abraçam a pobreza material por livre escolha, para poderem estar entre e com os pobres. "Ele, sendo rico, fez-se pobre" é seu modelo de Cristo (2Cor 8,9). Sua pobreza é militante no sentido que luta para libertar os pobres de seus sofrimentos injustos, porque sabem que Deus sofre com os sofrimentos de seus pobres (Êx 3,1-22). O religioso/a está colocado no meio da tempestade e longe das teorias sobre a pobreza. É um modelo que apela para um apostolado específico, cuja finalidade é eliminar a injustiça social. Ele tem em mente a conversão e a reforma total do homem e da mulher e não somente de sua condição social. Procura não só a libertação material, mas também social do homem e da mulher total. Procura viver uma alternativa evangélica e libertadora entre o capitalismo e o comunismo para encontrar uma sociedade na qual "todos tinham tudo em comum, e não houve necessitados entre eles" (At 4,32-37). Este modelo questiona fortemente valores do mundo atual, especialmente entre os próprios cristãos e, por que não, entre os próprios religiosos/as.

---

[16] O'Murchu, op. cit., p. 162.

Uma desvantagem deste modelo é que ele pode criar uma visão unilateral e até uma opção preferencial somente pelos pobres. Tal visão é exclusiva e pode interferir na própria profecia de querer libertar todos, sejam eles pobres ou ricos. Cristo teve um carinho e uma compaixão especiais para com os pobres, mas Ele nunca fechou a porta para ninguém que quis abraçar os princípios de seu reino. Às vezes, a vivência deste modelo de pobreza fecha a porta para todos os que não são pobres de fato. Aconteceu que este modelo levou até alguns/algumas religiosos/as a atitudes não evangélicas, como ódio, violência e uma falta de compaixão para os que causaram as injustiças. Pode criar uma atitude de *não perdão* e de condenação. Essas atitudes apagam qualquer testemunho evangélico da pobreza e da caridade.

Outra desvantagem é que este modelo frisa somente a pobreza material e se esquece de evangelizar o povo sobre a necessidade de procurar também a pobreza espiritual. Há muita denúncia necessária, segundo a vivência deste modelo, é verdade, mas os religiosos/as muitas vezes se esquecem de pregar o anúncio da boa-nova que também faz uma parte essencial da pobreza, como misericórdia, partilha e a busca de Deus.

6. A pobreza como necessidade do Salvador

É o modelo da *pobreza espiritual*. Seu ideal é que os membros de uma comunidade religiosa vivam na condição de pobreza espiritual, como o próprio Verbo Encarnado vivia quando assumiu toda a fraqueza de nossa humanidade. Este vai além de um modelo puramente material ou social. Ele vai até a raiz de toda a pobreza humana, isto é, a condição humana totalmente limitada e, por isso, pobre. *E nesta situação o pobre precisa de um Salvador.*

Neste modelo, o religioso/a assume, em sua radicalidade, que o ser humano é muito limitado e, como uma criatura, ele vai precisar assumir certas misérias humanas. Na vida do consagrado/a haverá momentos de dor, seja espiritual, psicológica ou física. Ninguém poderá escapar desta realidade. Nem o filho de Deus conseguiu escapar deste tipo de pobreza. O ser humano sofre necessidades por causa de sua radical limitação humana, e um dia vai sofrer sua última limitação, a própria morte. A pobreza neste sentido, então, revela as limitações de todas as nossas potencialidades e nos coloca diante da realidade dolorosa de sermos um ser finito e limitado. É assumir que somos criaturas diante do Criador. Ninguém é uma ilha ou totalmente independente, e este modelo nos impulsiona a procurar ajuda no contexto de uma comunidade de "imperfeitos" que dão apoio um ao outro/a. Neste modelo, então, a vida em comunidade e a necessidade de apoio mútuo são sinais da pobreza.

Mas a maior manifestação desta forma de pobreza é a realização e a vivência alegre que cada um/a de nós precisamos de um Salvador: "...e meu espírito exulta em Deus, meu Salvador" (Lc 1,47). Não é um modelo que leva à tristeza diante de nossas limitações e sofrimentos humanos, mas que leva o consagrado/a para uma atitude de dependência evangélica na pessoa de Deus. Deus vai nos libertar de todos os nossos anseios, porque Ele nos ama e nos salva. É um sentido profundo de esperança na Providência Divina que, apesar de nossas limitações, e até diante do projeto da morte, o Pai amoroso, em seu Filho Redentor, e por meio de seu Espírito de amor vai nos libertar de todos os nossos sofrimentos.

Este modelo, que não é fácil viver, assume um total desapego de tudo. É negar-se de todas as coisas materiais e espirituais que atrapalham a confiança em Deus para poder lançar-se nos braços do Pai, confiante que Ele vai nos fornecer o necessário. É uma *pobreza de esperança no amor de Deus*. É uma pobreza que se "afaste toda preocupação indevida e se confie à Providência do Pai celeste (cf. Mt 6,25)".[17]

As vantagens deste modelo são no sentido de que ele coloca toda a força do voto de pobreza na pessoa de Deus. É teocêntrico e não material-cêntrico ou egocêntrico. Também convida o consagrado/a a abraçar toda a humanidade em suas misérias. É uma pobreza cheia de compaixão.

Mas esse modelo também sofre algumas limitações e desvantagens. Às vezes, ele pode alienar o consagrado/a das realidades de injustiça que o cercam. Ele pode até cair em certo quietismo, em que o consagrado/a não faz nada, somente querendo que Deus se mexa para nos servir. Pode afastar o religioso/a de um engajamento essencial na vida dos pobres e calar sua boca contra as injustiças sociais.

---

[17] Compêndio do Vaticano II, op. cit., p. 496.

Este modelo precisa juntar-se com um dos anteriores que fala de pobreza material e social. Não pode advogar o desprezo de coisas materiais em um mundo pós-moderno, acordando para o valor ecológico da criação. Não seria evitar as coisas criadas, mas, sim, tentar achar a presença redentora de Deus por meio das coisas criadas. Tal modelo corre o risco de introduzir de novo os mendicantes religiosos/as que a Igreja, em seus documentos, já desaconselhou como uma testemunha da pobreza neste mundo de hoje.

7. A pobreza como união com Cristo

Este é o desejo de viver uma união radical com Cristo Encarnado que se esvaziou para salvar toda a humanidade. É o tipo mais radical de pobreza espiritual baseada somente na fé e, mais profundamente, *no amor a Jesus Cristo* e no desejo de continuar sua profecia no mundo de hoje. Está centrado no mistério do amor de Deus que se manifestou no Filho que desceu e se fez carne para nos salvar. Cristo pobre está no centro como a força por trás de todos os modelos de pobreza religiosa.

Vai além da pessoa de Cristo, no sentido de que este modelo também fala de servir Cristo nos outros, especialmente nos pobres. Exige um profundo sair de si mesmo, querendo amar Cristo nos mais abandonados e miseráveis de todos. É *uma pobreza mística*. O modelo frisa a necessidade de constante conversão no ser e no agir de Cristo humano e pobre. Exige um constante morrer para si mesmo para continuar o gesto de amor radical de Cristo. É considerado uma resposta de amor a Cristo que nos amou primeiro, mas tal pobreza tem de chegar ao cumprimento e sair de qualquer fingimento atrás de teorias.

A vantagem deste modelo é que ele pode combinar, e de fato deve combinar, com qualquer outro que já vimos. Ele sai do interior para influenciar o exterior e as motivações da pobreza, sejam os modelos materiais, sociais ou espirituais. Exige não só uma pobreza de fato, radical mesmo, mas também uma pobreza espiritual radical. É o desejo de continuar Cristo visível e profeticamente.

Em si, esse modelo não possui nenhuma desvantagem. No início da vida consagrada no século quarto, este foi o predominante, porque a maioria vivia uma vida de eremitas separados do resto da sociedade. Tal estilo de vida de eremita e de profecia seria incompreensível e estranho para o mundo moderno. Mas para viver o conteúdo teológico deste modelo em nossa sociedade moderna e para que ele seja entendido como uma profecia, precisa combinar-se com um dos outros modelos que já tratamos, sejam materiais ou espirituais.

8. Consequências

Tentamos mostrar que há uma variedade de novos modelos para viver o voto de pobreza neste mundo pós-moderno. Mas, diante desta realidade, vamos refletir sobre algumas conclusões.

Primeiro, ninguém pode negar que o velho modelo de pobreza, como foi apresentado por vários séculos, não fala muito profeticamente ao mundo pós-moderno no de hoje. E se uma das finalidades da vida consagrada é ser profética, então há necessidade de questionar o modelo de pobreza que estamos tentando viver, para ver se é de fato profético, isto é, compreensível à sociedade em que vivemos. Uma profecia que é incompreensível é uma profecia muda.

Ficou evidente que há uma porção de novas maneiras de viver a pobreza em nossa sociedade pós-moderna. Cada consagrado/a precisa estudar e tentar viver aquele modelo que o Espírito Santo pede a ele/a. Alguns frisam a pobreza de fato e material, enquanto outros frisam o aspecto espiritual da pobreza. O que é necessário dizer é que precisamos escolher e ser fiéis ao modelo que mais toca nosso coração.

Mas, para evitar qualquer divisão em uma comunidade religiosa, precisamos ter muito diálogo sobre os modelos e tentar escolher algo em comum para ser um testemunho mais forte no meio da sociedade. Isto nem sempre é fácil, diante da variedade de modelos. Mas precisamos tentar.

Também ficou claro que cada modelo apresentado tem suas vantagens e desvantagens. E, diante desta realidade, o indivíduo e as comunidades precisam achar uma *combinação de modelos* para evitar as desvantagens e aperfeiçoar as vantagens. Os que seguem uma linha mais de pobreza material precisam completar o modelo com outro que toque na pobreza espiritual e vice-versa.

Terminamos este capítulo dizendo que certamente precisamos de mais formação permanente sobre a questão dos modelos da pobreza. Precisamos de coragem para dizer se nosso modelo vivido na Província está testemunhando ou não este conselho evangélico que serve não só para religiosos/as, mas também para os leigos. E precisamos de coragem para buscar viver o novo com fidelidade. Isto somente vai acontecer se houver um espírito de conversão entre nós, o que já seria um sinal da prática da pobreza.

Perguntas para facilitar a partilha comunitária

1. Você já viveu o modelo de pobreza em que tudo foi baseado no "mesmíssimo" e tudo foi fortemente baseado no aspecto exterior da pobreza? Como se sentiu vivendo esse modelo? Poderia partilhar com os outros/as como se sentiu?

2. Você sente que sua formação inicial no noviciado e no juniorato frisou demais os aspectos jurídicos e morais do voto de pobreza? A insistência na aprovação do superior/a para o uso de coisas materiais ajudou ou atrapalhou a vivência mais adulta da pobreza em sua vida? Poderia dizer como?

3. Sua formação moralista na pobreza, se foi uma lista longa sobre o que não pode fazer ou ter, ajudou você a experimentar o seguimento de Jesus? Será que sua visão da pobreza ainda está nesta linha?

4. Quais dos modelos novos apresentados neste capítulo mais apelaram para sua pessoa? Você concorda que ele tem suas vantagens, mas também suas desvantagens? Como poderia viver este modelo em sua comunidade atual?

5. Qual é o modelo de pobreza predominante em sua Província? Concorda ou não com ele? O que pode fazer para apelar para um modelo mais profético hoje?

2 A TEOLOGIA DO VOTO DE POBREZA

Neste capítulo queremos examinar e rezar a rica teologia do voto de pobreza. Sem um entendimento do sentido teológico sobre este voto, é impossível apreciar e viver o caminho escolhido pelo próprio Jesus Cristo. Infelizmente os modelos sobre a pobreza, que existiam antes do Vaticano II, frisaram uma orientação jurídica e moralista da pobreza. E igualmente infeliz foi o fato de que o voto perdeu todo o seu ânimo evangélico, profecia e vida cheia do Espírito Santo, o "Pai dos Pobres".[1]

Também uma orientação teológica sobre este voto vai colocar a pessoa de Cristo Encarnado mais uma vez no centro desta reflexão teológica. Por muito tempo, Cristo foi colocado ao lado da reflexão deste voto, para dar lugar às orientações de leis e de obrigações que muitas vezes levaram os religiosos/as ao formalismo, em vez de vida. "Por ele (voto de pobreza) se participa da pobreza de Cristo que de rico se fez pobre por nós, a fim de nos enriquecer por sua pobreza."[2]

Como fiz em meus livros sobre os votos de obediência e de castidade, nossa reflexão teológica será inspirada nos primeiros três capítulos do livro de Gênesis.[3]

---

[1] Cf. a Sequência da Missa de Pentecostes.

[2] Compêndio do Concílio Vaticano II, op. cit., p. 496. Cf. também Alonso, Severino, *A Vida Consagrada*, Editora Ave Maria, São Paulo, 1991, p. 330.

[3] Kearns, Lourenço, *Teologia da Obediência Religiosa*, Editora Santuário, Aparecida, São Paulo, 2002; *Teologia do Voto de Castidade*, Editora Santuário, Aparecida, São Paulo, 2003.

1. O plano original do Pai (Gn 1–3)

A teologia do voto de pobreza, de fato, começa no amor casto da Trindade à humanidade. O Pai criou todo o mundo material *por amor*. Sem entender este amor, torna-se impossível entender a pobreza. A criação mostra esta característica divina do Pai em que Ele opta por sair de si mesmo para criar e, depois em pobreza, partilhar e doar todo o criado a suas criaturas. Toda a criação é o resultado do amor do Pai a seu Filho no Espírito Santo. "No começo a Palavra foi voltada para Deus. Tudo foi feito por meio dela e, de tudo o que existe, nada foi feito sem ela" (Jo 1,2-3). Não podemos entender a pobreza sem primeiro entender o amor do Pai ao Filho e a nós, no ato da criação. "Porque nele (Cristo) foram criadas todas as coisas... tudo foi criado por meio dele e para ele" (Cl 1,16-17). O amor casto da Trindade e sua pobreza estão no ato de poder sair de si para doar-se a suas criaturas. É um dom, e este dom explica para nós a pobreza. Quem é capaz de doar é "pobre".

Por meio do Filho, o Pai quis compartilhar toda a criação com suas criaturas amadas. Toda a criação é dom do pai a seus filhos/as amados. Somente o amor de Deus pode motivar tal doação, porque Ele foi o Criador e a plenitude de vida. A criação foi a possessão exclusiva de Deus.

Mas Deus optou por doar este seu dom cósmico ao homem e à mulher. "Porque de sua plenitude todos nós recebemos" (Jo 1,16).

"E Deus criou o homem a sua imagem: à imagem de Deus ele o criou; e os criou homem e mulher. E Deus os abençoou e lhes disse: 'Sejam fecundos, multipliquem-se, encham e submetam a terra e dominem os peixes do mar, as aves do céu e todos os seres vivos que rastejam sobre a terra'. E Deus disse: 'Vejam! Eu entrego a vocês todas as ervas que produzem semente e estão sobre a terra...' E Deus viu tudo o que havia feito, e tudo era muito bom" (Gn 1,26-31).

E o Pai Criador quis que suas criaturas feitas a sua imagem reconhecessem seu Criador, o doador deste dom cósmico. Ele quis uma resposta de amor diante do tamanho amor da criação dada a eles/elas como dom. A resposta da parte do homem e da mulher seria a capacidade de acolher este dom e, assim, iniciar um relacionamento de amor entre o Criador e suas criaturas. A pobreza sempre deve terminar nesta dinâmica de reconhecimento de que tudo vem de Deus, e, em troca, as criaturas devem dar uma resposta de amor e gratidão. E mais. Por meio do reconhecimento do amor de Deus vem também a obrigação de imitar ou continuar na vida a atitude do Criador, doando e partilhando sempre o mesmo dom com outros, *por amor*. É continuar esta pobreza do Criador. É doar a si mesmo aos necessitados a nosso redor. O homem e a mulher devem ficar como seu Criador, doando o dom que receberam de Deus aos outros. "Sejam santos como seu Pai é Santo" (Mt 5,28). A pobreza é ser como Deus, continuando seu ato de doar livre e gratuitamente o que receberam em primeiro lugar de Deus. O voto da pobreza tenta viver este aspecto de doação como profecia neste mundo fechado em si mesmo.

O Pai quis desde o começo da criação criar um relacionamento de amor com suas criaturas. Deus falou com o homem e a mulher face a face (Gn 2,8-25). Para facilitar este relacionamento, o Pai quis que toda a criação agisse como uma fonte de *contemplação do Criador*. Olhando para a natureza, as criaturas poderiam descobrir o ser e o agir do Criador e entrar em um relacionamento de amor, de culto e de adoração com o Criador. Sabemos que tudo o que é criado transmite a personalidade de seu criador. Olhando para as obras famosas de arte, podemos chegar ao interior do artista e descobrir sua pessoa, suas alegrias, suas tristezas e sua personalidade única. E foi o mesmo com Deus quando criou toda a natureza e o cosmos. *Toda a natureza revela o Pai, seu criador*. Olhando para tudo no mundo, podemos descobrir o interior de Deus e iniciar um diálogo de amor com nosso Criador. Todas as coisas criadas estão estampadas com a personalidade do Criador. De uma maneira ou de outra, Deus se comunica conosco por meio de seu dom da criação.

Deus quis que parássemos para contemplar a natureza e fôssemos mais fundo, para poder descobrir a pessoa que criou estas maravilhas. E, de todas as suas criações, este princípio aplica duas vezes mais para sua maior criação – o homem e a mulher. Somos feitos à imagem de Deus" (Gn 1,27). Contemplando nós mesmos e nossos irmãos/ãs, podemos contemplar o "rosto do Criador" em nós e neles/as. Pobreza é o reconhecimento desta maravilha da bondade de Deus, em que Ele até livremente partilhou com cada ser humano algum traço de sua própria pessoa. O Senhor fez em mim maravilhas, e Santo é seu nome" (Lc 1,49). Da contemplação das coisas criadas, podemos conhecer, amar e ter intimidade com nosso Criador. E tudo isso faz parte do voto da pobreza evangélica. O culto, adoração e agradecimento ao Criador fazem partes essenciais do voto de pobreza.

O Pai Criador foi bem claro no Gênesis ao afirmar que Ele criou o suficiente para a alegria e o sustento do homem e da mulher. "E Deus disse: 'Vejam! Eu entrego a vocês todas as ervas que produzem semente e estão sobre toda a terra e todas as árvores em que há frutos que dão semente: tudo isso será alimento para vocês'" (Gn 1,29-30). "Javé Deus tomou o homem e o colocou no jardim de Éden, para que o cultivasse e guardasse. E Javé Deus ordenou ao homem: 'Você pode comer de todas as árvores do jardim'" (Gn 2,15-16).

O Pai sempre fornecerá o suficiente para que todos os seus filhos/as tenham o suficiente para viver em dignidade. Este foi o desejo fundamental do Pai diante da criação. Todos teriam dignidade e o suficiente para viver. É um direito fundamental de um filho/a de Deus. Deus é bem claro em toda a sua Palavra que ele ama aos pobres e vai cuidar deles. Deus não aguenta ver o abuso de seus pobres (Sl 34,6; 40,7; 41,1; 72,4; 82,3).

Para que isto pudesse acontecer, o Pai pediu que suas criaturas vivam uma vida de *profunda harmonia com a natureza.* O que o Pai pediu foi o estabelecimento de uma harmonia entre o Criador, o mundo criado, e o homem e a mulher. Onde esta harmonia existir, sempre haverá o suficiente para todos viverem com dignidade. Onde esta harmonia existir, nunca haverá necessitados entre eles, porque existirá a partilha dos que têm com os que não têm (At 2,42-47; 4,32-37; Dt 15,11). Este aspecto, a partilha, sempre foi uma parte essencial da pobreza.

Essa harmonia exige do homem e da mulher que cuidem da natureza com responsabilidade, e aqui entram todos os modelos da pobreza que frisam a teologia da ecologia. Podemos perceber que, de fato, há o necessário para todos. Deus, o Criador, é fiel. Mas, sem partilha e sem amor, experimentamos as coisas horríveis em nosso mundo, onde existe fome que mata e que cria uma falta de dignidade humana. Esta vontade do Pai, de que haja o suficiente para todos, é a base de toda e qualquer comunidade humana que reflete o amor Trinitário, um amor de doação mútua. Onde há harmonia e partilha, uma comunidade pode existir sem competição e sem ganância (Dt 15,7).

Se colocarmos tudo isso em um gráfico, veremos que Deus Criador doa todo o cosmos à humanidade como dom. É seu desejo que vem de seu amor e de sua castidade. Ele promete estar inserido no meio da humanidade no jardim, fornecendo o suficiente para todos. O homem e a mulher recebem gratuitamente este dom e estão na terra como "donos", com a responsabilidade de cuidar e administrar esta criação (ecologia) e com o dever de distribuir os frutos a todos com igualdade (comunidade de amor). E, no fim, o homem e a mulher, em reconhecimento amável, oferecem ao Criador seu cântico de culto, adoração e gratidão. A pobreza evangélica sempre termina neste cântico de louvor e adoração. Toda a criação foi um dom de Deus. E Deus pediu que suas criaturas continuassem este gesto de amor entre eles. Receberam o dom para partilhar seu próprio dom com os outros. Isto é pobreza. A capacidade de doar e continuar o rosto do Criador entre nós. E o reconhecimento de que tudo que vem de Deus é pobreza e nos leva para uma atitude de agradecimento e louvor. Isto é pobreza.

2. A resposta do homem e da mulher a Deus

O homem e a mulher rejeitaram este plano original do Pai. E o pecado entrou no mundo com resultados desastrosos. Eles simplesmente recusaram algumas coisas básicas deste plano do amor do Criador. O pecado original foi um gesto de orgulho e de desamor a Deus e à humanidade. E onde há orgulho e desamor não pode existir a pobreza evangélica.

Primeiro, o homem e a mulher recusaram-se a aceitar sua condição de criaturas. Eles queriam ser totalmente *iguais a Deus*. Eles queriam ser criadores. O tentador disse: "Mas Deus sabe que no dia em que vocês comerem o fruto, os olhos de vocês vão se abrir, e vocês se tornarão como deuses" (Gn 3,5). E, sendo assim, eles não precisariam ser mais *como o Criador* – um doador de si mesmo aos outros. Sendo como deuses, eles não precisariam ser "dom" aos outros, como Deus foi. Eles não precisariam partilhar nada do dom que receberam de Deus. Eles poderiam fechar seus olhos e seus corações aos necessitados a seu redor. Eles poderiam recusar ser "Santos como o Pai é Santo". Agora eles poderiam ficar "ricos de coração".

Segundo, já que pensam que são iguais a Deus, eles não precisam mais de Deus mesmo. Toda a força do amor mútuo entre Deus e suas criaturas acabou. O relacionamento de amor e de mútua doação de si mesmo dramaticamente acabou. E mais. Todo o reconhecimento do Criador e do fato de que tudo vem de Deus e que deve devolver tudo a Deus, em culto e adoração, também tristemente acabou. O homem e a mulher agora são *totalmente independentes de Deus e, consequentemente, de qualquer comunidade humana.* São radicalmente independentes de todos. Quem é rico de coração não precisa de ninguém. Agora eles poderiam pedir todo o culto e a adoração para suas próprias pessoas, porque são "deuses". Por mais que possuam, por mais fortes que sejam, passam a exigir a adoração de seus coirmãos/ãs mais fracos, porque, de repente, seus coirmãos/ãs são dependentes deles para sobreviver. Pouco a pouco, o homem e a mulher trocaram seu Deus verdadeiro de amor por novos deuses de desamor, isto é, o dinheiro, a posse e o poder. O Deus de amor e de dom foi substituído por coisas materiais, e o homem e a mulher começaram a adorar este novo deus. O dinheiro, a posse e o poder tomaram todo o seu tempo e interesses e, por isso, não precisaram buscar Deus em culto e adoração, nem amar e servir ao próximo. Um fechamento radical aconteceu em que o homem e a mulher ficaram isolados de Deus e da comunidade humana. Quando isto aconteceu, todo o relacionamento com a humanidade e a criação ficou negativamente afetado. O cosmos não foi mais dom do Criador a todos para ser partilhado, mas sim uma fonte egocêntrica de posse individual e de dominação dos outros. A natureza não foi mais um dom comum para todos e, por isso, a destruição da natureza foi justificada para poder ganhar mais. Todas as coisas criadas agora seriam uma fonte de autoglorificação daquele que possui mais em prejuízo dos pobres. Desde esse momento houve a crescente desigualdade e abismo entre os que têm e os que não têm. Acabou-se a possibilidade de todos viverem com dignidade como filhos/as do Criador. A riqueza sufocou o amor fraterno e a força da Palavra de Deus: "A semente que caiu no meio dos espinhos é aquele que ouve a Palavra, mas a preocupação do mundo e a ilusão da riqueza sufocam a Palavra, e ela fica sem dar fruto" (Mt 13,22-23). O filho/a de Deus tornou-se infértil em seu amor, porque faltou a pobreza evangélica.

Terceiro, o homem e a mulher introduziram uma profunda *desarmonia* entre o Criador, o mundo criado e a humanidade. O plano original do Pai previu que todos teriam o necessário para viver com dignidade, agora haverá fome, sem-terra, sem-teto e sem dignidade humana. Ao invés de formar comunidades de partilha, haverá competição selvagem e desrespeito. A natureza, que foi criada para todos, ficará nas mãos de poucos que, em sua ganância, fecharão seus olhos a seus irmãos/ãs morrendo de fome a seu lado. Agora a natureza existe para ser abusada e aproveitada para poder ficar mais rico a qualquer custo. E o homem e a mulher começaram a "matar" nosso planeta para poderem ficar mais ricos, terem mais poder e mais adoração própria. Se no processo de ficar mais rico a destruição da natureza for necessária, então que seja feita! E se no processo os pobres forem ainda mais prejudicados, então que seja feito! E assim foi introduzido no mundo o *fratricídio*. Fratricídio é um processo desumano de causar a morte injusta de nossos irmãos. E podemos ver esse fratricídio acontecendo, olhando para nosso mundo de hoje: fome, doença, injustiças e escravidão adulta e infantil. Tudo em nome do progresso, mas no fundo é pura ganância, em que a humanidade recusa mais ser "dom" como Deus é dom para nós. O homem e a mulher se recusam a partilhar o que receberam como dom de Deus. Acabou a tentativa de harmonia entre Deus, o mundo criado e a humanidade (Êx 23,11). Foi e continua sendo o resultado mais triste da rejeição do plano original do Pai.

Se colocarmos tudo isso em um gráfico, veremos que o homem e a mulher inverteram o que Deus quis. Agora o homem e a mulher recusam-se a reconhecer Deus e seus irmãos em suas necessidades e exigem que toda a adoração seja dirigida para si mesmos. Agora o dinheiro, a posse e a não partilha reinam como o novo deus que mata seus coirmãos/ãs. O homem e a mulher trocaram seu Deus por coisas materiais.

3. O acontecimento de Jesus encarnado

Nunca vamos entender completamente o sentido da pobreza de Deus e de nossa pobreza religiosa, se não contemplarmos o Verbo que se fez carne e habitou entre nós. Todo o sentido da pobreza está na pessoa do Verbo Encarnado. Essa pobreza do Verbo existia antes da criação do mundo e continuará por toda a eternidade. Sua motivação principal foi o amor. "(Em Cristo)... a pobreza é expressão de amor, de autodoação ao Pai e aos homens".[4] Vamos agora tentar aprofundar este mistério de amor e de pobreza tão grande. Os votos de pobreza e de castidade são

---

[4] Alonso, op. cit., p. 337.

inter-relacionados e um não pode existir sem o outro. Jesus é o Mestre que queremos seguir e continuar seguindo profeticamente em nossos tempos. Sem contemplar o Mestre, o discípulo/a fica "infeliz, miserável, pobre, cego e nu" (Ap 3,17). Sem Cristo, um discípulo/a torna-se uma profecia oca.

a) O mistério da Encarnação

"No começo a Palavra já existia: a Palavra estava voltada para Deus, e a Palavra era Deus" (Jo 1,1-2). Somente a comunidade de amor, a Trindade, existia antes da criação. E antes da criação o Pai já sabia que o homem e a mulher seriam infiéis à aliança de amor que faria com eles.[5] E, mesmo assim, por amor criou o homem e a mulher, sabendo das consequências do desamor por parte das criaturas. E o Verbo, sabendo do desejo eterno de amor de seu Pai, isto é, seu desejo de perdoar a todos e de salvá-los, ofereceu-se para redimir toda a humanidade (CL 1,20; Ef 1,7-8). Foi um ato de amor, pobreza, castidade e de obediência. Mas, para fazer este ato de copiosa redenção, o Verbo precisou praticar primeiro a pobreza no ato de *descer* e no ato de *esvaziar-se*, para conseguir realizar este ato de salvação (FL 2,6-11). O rico teve de se tornar pobre: "De fato, vocês conhecem a generosidade de nosso Senhor Jesus Cristo; Ele, embora fosse rico, tornou-se pobre por causa de vocês para que sua pobreza enriquecesse vocês" (2Cor 8,9). A encarnação de Cristo foi no fundo um ato de pobreza; pobreza de fato e pobreza de espírito. O Verbo "humilhou-se" e se tornou uma criatura de livre vontade para amar seu Pai e para salvar a humanidade. O ato de pobreza foi no ato de descer, no deixar, no doar o que era dele por essência e por direito. "Ele tinha a condição divina, mas não se apegou a sua igualdade com Deus. Pelo contrário, esvaziou-se a si mesmo, assumindo a condição de servo" (Fl 2,6-7). Tomando a forma de servo e renunciando a todo esplendor de sua divindade e de seus direitos como filho de Deus, Cristo aceitou uma vida de pobreza. Essa pobreza está no centro deste cântico de São Paulo em Filipenses.[6]

É quase impossível penetrar o interior do Verbo feito homem para captar o segredo deste mistério da pobreza de Cristo, que se

---

[5] Kearns, *Teologia da Obediência Religiosa*, op. cit., p. 41-42.

[6] Alonso, op.cit., p. 331.

doou a si mesmo radicalmente em favor da humanidade. Santo Afonso de Ligório, em sua *Novena de Natal*, tentou explicar as implicações deste ato de amor e de pobreza do Verbo que *"se fez carne e habitou entre nós"*. Afonso disse que suponhamos ter um cachorro de estimação do qual gostamos muito. De repente ele fica seriamente doente. O veterinário diz que há somente uma maneira para salvá-lo. O dono tem de "descer" e se tornar também um cachorro. Nós precisaríamos descer de um ser inteligente para um mero animal. Precisaríamos perder nossa vontade livre para salvar o cachorro. Exigiria de nós um ato extremo de pobreza para poder descer e viver a vida de um vira-lata. Se o veterinário repetisse: "É o único jeito de salvar seu cachorro!" Quem de nós faria tal ato de loucura? Ninguém! E aqui Santo Afonso explode com emoção, dizendo que Deus em sua pobreza e em seu amor fez isso por nós. O Criador desceu e se tornou uma criatura. Desceu. Esvaziou-se. O rico se fez pobre por nós. E foi aqui que Santo Afonso exclamou: *"Ó Deus enlouquecido pelo amor à humanidade!"*. O Verbo encarnado é o primeiro de todos os pobres com esta doação radical de sua vida para nos salvar. *Em pobreza, o filho amado do Pai tornou-se nosso dom*. O Verbo no ato da encarnação tornou-se um dom do Pai dado à humanidade para enriquecer e salvar toda a humanidade. O Pai não poupou seu próprio Filho, mas na pobreza nos deu seu Filho como dom da copiosa redenção (1Jo 4,9). E o Filho disse em sua pobreza que veio para obedecer à vontade do Pai (Hb 10,7). Sua pobreza antecedeu sua castidade e sua obediência.

b) A Eucaristia

O sentido evangélico da pobreza tem sua maior manifestação na Eucaristia. Neste sacramento a doação total de Cristo aos membros de sua Igreja e ao mundo foi radical. Cristo livremente se despojou de tudo o que ele possuiu por direito como Filho do Pai e entregou toda a sua herança à humanidade como dom total. A Eucaristia é um dom de Cristo, no qual ele entrega sua vida por nós na cruz (redenção) e partilha conosco sua ressurreição (glorificação). Cristo como dom reflete seu Pai doador de si mesmo que nos doou tudo na criação. Mas esse dom da Eucaristia é muito mais radical. Há uma pobreza na qual o doador livremente partilha com todos, sem exceção, sua divindade, sua humanidade, seus dons, seu Pai e seu Espírito Santo (Jo 16,15). Na Eucaristia todos nós recebemos como dom a plenitude de Cristo. "Porque de sua plenitude todos nós recebemos (Jo 1,16)." É ato de pobreza radical. As próprias palavras da consagração indicam o gesto de doar – de partilhar – de pobreza: "isto é meu corpo, que é dado por vocês" (Lc 22,19). De tudo o que o Filho recebeu do Pai, ele transformou em dom para seus amados/as. E Cristo nos mandou para assumir o mesmo compromisso e atitude de pobreza com nossos coirmãos/ãs na vida diária: "Faça isso em memória de mim" (Lc 22,20). Cristo nos deu um mandamento de amor para partilharmos tudo o que somos e temos com os que precisam de nós. E a Eucaristia é um compromisso da pobreza evangélica para continuar a pessoa de Cristo hoje.

c) A paixão de Jesus Cristo

O dom mais precioso que temos é a vida. É um dom que recebemos de Deus. É um sinal de seu amor e carinho a cada um de nós. Pouco a pouco, pela oração e pela escuta da palavra nas sinagogas, Cristo começou a perceber que o ato de copiosa redenção seria um ato de pobreza. Ele seria o *Servo de Javé* predito pelo profeta Isaías. O Pai pediu que ele livremente entregasse sua vida como um dom para que a humanidade pudesse receber o novo dom da copiosa redenção (entrega e partilha). E Cristo livremente assumiu este ato de doação. "Eu dou minha vida pelas ovelhas... o Pai me ama porque eu dou minha vida... ninguém tira vida...; eu a dou livremente (Jo 10,14-21). Na paixão, Cristo fez um dom de sua vida para nós termos a vida, e este Mistério Pascal é um mistério da pobreza (Rm 5,6-8). Cristo nos salva por seu total despojamento de tudo o que ele possui e com sua pobreza nos enriqueceu com os bens salvíficos.[7] No momento de sua morte, Cristo foi totalmente "pobre". Ele já nos tinha dado sua herança na Eucaristia; ele já nos tinha dado sua Mãe na cruz (Jo 19,25-27). E o último dom que ele pôde nos dar em sua pobreza foi o dom de sua vida: "Jesus deu outra vez um grande grito e entregou o espírito" (Mt 27,50; Lc 23,46; Jo 19,30). Jesus já havia predito este ato de amor e de pobreza: "Ninguém tira minha vida; eu a dou livremen-

---

[7] Severino Alonso, op. cit., p. 331.

te". Toda referência sobre a paixão indica um ato de sair de si para doar-se para salvar a humanidade. "Por meio do sangue de Cristo é que fomos libertos e nele nossas faltas foram perdoadas, conforme a riqueza de sua graça" (Ef 1,7); "... para, por meio dele, reconciliar consigo todas as coisas, estabelecendo a paz por seu sangue derramado na cruz" (Cl 1,20).

4. Cristo "pobre de fato"

Cristo, sendo rico, fez-se pobre. Os sinais desta pobreza material e livremente escolhida por Cristo correm por todos os Evangelhos. Cristo optou livremente por ser *pobre de fato*. É importante notar que sua escolha foi uma opção livre. Ele optou por viver entre os pobres e como os pobres, para poder ser um profeta da pobreza e estabelecer de novo o plano original do seu e nosso Pai. Cristo também fez uma opção para proteger os pobres sem voz. Ele veio para libertar os sofrimentos de seu povo. Pobreza evangélica compromete o consagrado/a com os pobres.

Seus pais eram pobres, oferecendo a oferta dos pobres na apresentação do menino no templo (Lc 5,7). Ele assumiu a lei do trabalho como carpinteiro (Mc 6,3; Mt 13,55). Ele mesmo disse que procurou nada possuir materialmente: "As raposas têm tocas e as aves do céu têm ninhos; mas o Filho do Homem não tem onde repousar a cabeça" (Mt 8,20). Cristo sofreu coisas que todos os pobres sofrem, como fome: "Na manhã seguinte, voltando para a cidade, Jesus ficou com fome" (Mt 21,18; Lc 4,2). "Jesus compartilha a vida dos pobres desde a manjedoura até a cruz; conhece a fome, a sede, a indigência. Mais ainda, identifica-se com os pobres de todos os tipos e faz do amor ativo para com eles a condição para se entrar em seu Reino."[8]

Jesus, o Mestre, livremente optou por viver a pobreza material e exigiu a mesma opção daqueles que o queriam seguir mais de perto. "Jesus olhou para ele com amor e disse: 'Falta somente uma coisa para você fazer: vá e venda tudo, dê o dinheiro aos pobres, e você terá um tesouro no céu. Depois, venha e siga-me'" (Mc 10,21; Mt 19,21; Is 18,22). Jesus ensinou a seus discípulos a necessidade de partilha dos bens daqueles

---

[8] *Catecismo da Igreja Católica*, op. cit., p. 154.

que têm para com os que não têm. "Mas Jesus lhes disse: 'Vocês é que têm de lhes dar de comer'" (Mt 14,15-21). Cristo pediu que os apóstolos partilhassem os cinco pães que possuíam com os que não tinham nada, mostrando-lhes a opção da pobreza que Ele mesmo fez.

Jesus sempre mostrou um carinho especial para com os pobres, os doentes, os pecadores e os marginalizados, julgados pelas autoridades do Templo como sendo "impuros". O grande sinal da pobreza de Cristo foi sua capacidade humana e divina de *ter compaixão* dos que sofrem, e ele buscou aliviar seus sofrimentos (Mt 9,33-36; 19,28-30). Cristo quis devolver aos doentes e aos pecadores sua dignidade filial, que era dom de seu pai, e mostrar ao povo rejeitado pela sociedade e pelos líderes religiosos o rosto amoroso e acolhedor de seu Pai. "E Jesus curou todos os doentes, para que se cumprisse o que fora dito pelo profeta Isaías: 'Ele tomou nossas enfermidades e carregou nossas doenças'" (Mt 8,16-17). Esta característica de compaixão e de carregar nossas doenças é um sinal carinhoso da pobreza evangélica. A capacidade de sair de si e de suas autopreocupações para acolher os sofrimentos dos outros e buscar aliviá-los é pobreza evangélica. "Vendo as multidões, Jesus teve compaixão, porque estavam cansadas e abatidas, como ovelhas que não têm pastor" (Mt 9,33-36).

Então Cristo veio como o profeta da pobreza para reintroduzir os valores originais de seu Pai no plano da criação. Ele quis mostrar o caminho do homem e da mulher ao assumir uma vida de culto e adoração do Criador, seu Pai. Ainda quis mostrar que toda a criação foi uma fonte de contemplação para descobrir o "rosto do Pai Criador" em tudo. Cristo quis ensinar a humanidade a voltar para uma atitude básica e generosa de partilha de bens, para que não haja necessitados entre nós. Cristo quis que existisse mais uma vez aquela harmonia entre o Criador, suas criaturas e as coisas criadas. Ele veio, em poucas palavras, reintroduzir o plano original do Pai que foi um plano de amor e de fraternidade. Cristo quis reconciliar todas as coisas com seu Pai. "... para por meio dele (Cristo) reconciliar consigo todas as coisas, tanto as terrestres como as celestes, estabelecendo a paz por seu sangue derramado na cruz" (Cl 1,20). E, igualmente como profeta, ele condenou todo tipo de ganância e riqueza, que causou fechamento de coração aos pobres e necessitados, e todo tipo de materialismo que afastou pessoas de uma vida de intimidade com o seu e nosso Pai.

5. Cristo "pobre de espírito"

A pobreza de espírito esteve no centro dos ensinamentos e, consequentemente, na vivência do próprio Jesus: "Bem-aventurados são os pobres de espírito" (Mt 5,3; Lc 6,20). Mas Cristo não ensinou o que primeiro não praticou por si mesmo. Cristo primeiro foi a profecia de ser pobre de espírito. Ser pobre de espírito tem muitos sentidos, mas talvez sua maior manifestação esteja na situação de *dependência*. Dependência primeiro pela pessoa de Deus, mas igualmente dependência entre os membros de uma comunidade. Quem é dependente é capaz de ser pobre de espírito.

Vemos primeiro a dependência de Cristo encarnado na pessoa de seu Pai. Dependência pode significar algo negativo e opressor. Mas a dependência de Cristo foi um sinal de seu amor a seu Pai e não de opressão. E o maior sinal desta dependência foi o Cristo homem de oração. Em todos os Evangelhos achamos Cristo buscando momentos de profunda intimidade com seu Pai para amar e ser amado por Ele e para buscar sempre a vontade salvífica de seu Pai (Mt 14,23; Mc 1,35; Lc 5,16). Cristo sempre buscava momentos de prioridade para "ir à montanha", para estar sozinho na presença amorosa de seu Pai. Isto é o sentido de dependência de Cristo por seu Pai. Um relacionamento mútuo de amor. Cristo amando o Pai, e o Pai amando seu Filho. Essa dependência no amor mútuo é pobreza de espírito. É amar a Deus e ser amado por Ele na gratuidade.

E Jesus nunca guardava suas experiências somente para si, numa forma egoísta. Em pobreza de espírito, ele sempre partilhava sua experiência de Deus para com o povo em suas pregações e especialmente aos outros discípulos. Ele celebrava liturgia com eles. Os discípulos de Jesus perceberam que ele se transformava diante do Pai em oração e pediram que ele os ensinasse a rezar (Lc 11,1). E Jesus não negou este pedido partilhando sua experiência de Deus com eles. Ele pediu que, quando orassem, não chamassem Deus mais de Senhor, mas sim de Pai (Lc 11,2), "Pai Nosso". Esta partilha espiritual da experiência de Jesus foi pobreza espiritual.

Mas a expressão mais dramática da pobreza espiritual de Jesus foram as manifestações e as experiências de sua limitação humana. Quando o Verbo se fez Carne, ele assumiu todas as mesmas dores de nossa humanidade (Is 53,1-12). Cristo livremente assumiu nossa humanidade para nos salvar e assim tornou-se *limitado e fraco como nós*. E ele fez isso por opção. Isso é um mistério que precisa de muita contemplação para ser entendido, o sentido profundo da pobreza espiritual, como foi livremente vivido por Cristo. "De fato, não temos um sumo sacerdote incapaz de se compadecer de nossas fraquezas, pois ele mesmo foi provado como nós em todas as coisas, menos no pecado. Portanto, aproximemo-nos do trono da graça, com plena confiança" (Hb 4,15-16).

Jesus mostrou a todos/as os sinais de uma humanidade limitada. É necessário acolher Jesus em suas fraquezas em uma nova leitura de sua humanidade e, portanto, de sua pobreza espiritual. Primeiro, ele foi tentado para abandonar sua missão e viver uma vida sem pobreza de fato e de espírito (Mt 4,1-11; Mc 1,12-13). Jesus sentiu compaixão do povo sofredor que passou fome e viveu sua limitação humana ao tentar resolver seus sofrimentos (Mt 9,36; 15,32). Cristo sofreu com os doentes, especialmente, com os que foram excluídos da sociedade e, pior, do templo, porque eram considerados "impuros" (Mc 1,41). Chorou por causa da morte de seu amigo Lázaro: "Então ele se conteve e ficou comovido..., e começou a chorar" (Jo 11,33-35). Ele passou a forte emoção da angústia no jardim, antes da paixão: "Tomado de angústia, Jesus rezava com mais insistência" (Lc 22,44). Jesus sentiu medo em sua vida humana: "Jesus começou a ficar com medo e angústia" (Mc 14,33). Jesus teve de sofrer os sentimentos fortes de traição e de negação dos membros de sua própria comunidade de amigos (Mt 26,49;69-73). Ele sentiu a necessidade de uma comunidade de apoio em sua missão e em seu destino e, por isso, bem no começo de sua vida pública, formou sua comunidade íntima de apoio (Mt 4,18-22; Lc 6,14). Ele sentiu fome (Mc 11,12). Ele sentiu a necessidade de descansar de seus trabalhos apostólicos (Mc 6,31). Mas o maior sinal de sua fraqueza humana foi sua paixão, na qual ele passou todo tipo de sofrimento físico, emocional e psicológico. E em pobreza ele partilhou conosco a última coisa que poderíamos dizer que era dele: entregou sua vida para que nós tivéssemos a vida (Jo 6,51; 10,11-17).

Outro aspecto da pobreza de espírito de Cristo foi sua capacidade para reconhecer de onde veio tudo e especialmente os sinais de amor que recebeu do Pai e, por isso, foi capaz de voltar para agradecer. Esse foi o aspecto de sua confiança inabalável na Providência

Divina (Mt 6,25-34). Nós vemos este aspecto de pobreza espiritual frequentemente na vida de Cristo. Ele reconheceu e agradeceu ao Pai, porque revelou seu amor aos pobres (Mt 11,25; Lc 10,21). Sempre agradeceu ao Pai o pão cotidiano e a partilha deste pão com os outros (Mt 15,36; Mc 8,6). A própria instituição da Eucaristia foi introduzida agradecendo ao Pai o dom do pão e do vinho (Mt 26,27; Lc 22,19). E, finalmente, vimos seu agradecimento ao Pai até antes do milagre da ressurreição de Lázaro, reconhecendo que foi o Pai que fez essa maravilha por ele (Jo 11,41).

Cristo como profeta então condenou qualquer tipo de orgulho na forma de autossuficiência radical, que não precisou nem de Deus, nem de uma comunidade. Essas atitudes não permitiam que a pessoa chegasse a enxergar Deus e a necessidade de ser dependente da pessoa de Deus. Esta foi a atitude que Cristo condenou, principalmente nos fariseus, porque: "Alguns confiavam em sua própria justificação e desprezavam os outros" (Lc 18,9-14; Mt 23,13-36; Lc 11,37-56).

6. A pobreza consagrada

Um religioso/a é alguém que quer seguir Jesus, assumir sua espiritualidade e a maneira como ele vivia sua consagração a seu Pai. Por isso, um religioso/a assume livremente o caminho da pobreza como *um valor* em sua vida. Queremos continuar Jesus hoje vivendo uma pobreza de fato e de espírito para podermos profetizar a pessoa de Cristo e este conselho evangélico. Nossa inspiração é sempre o Verbo Encarnado que se fez pobre por opção. Queremos anunciar por meio de uma vivência livre este valor de ser pobre no sentido evangélico e queremos denunciar tudo o que não deixa o povo de Deus viver seu batismo.

Primeiro, nossa vida quer ser uma profecia de anunciar os valores originais e teológicos que o Pai quis no momento da criação e que Cristo introduziu de novo através de sua vida e pregação. Queremos espiritualmente reconhecer nosso Criador e sua doação radical do cosmos para nós. Queremos ser os guardiões deste dom que significa um respeito profundo pelas coisas criadas. Queremos entrar na linha ecológica que tenta proteger a natureza da ganância destrutiva e do estrago irresponsável de nosso planeta. Somos responsáveis por administrar o dom da natureza que recebemos de Deus.

Um religioso/a opta livremente por viver o que não é um valor em si em nossa sociedade, isto é, a pobreza material. O religioso/a opta por viver na simplicidade de vida diante das coisas materiais, apesar da orientação desnorteada do apelo de materialismo. Ele busca o necessário para viver na dignidade sua filiação divina. Por outro lado, ele recusa acumular bens que não são necessários e que podem deixar seu irmão/ã em necessidade. Assumimos uma vida de partilha livre, alegre e generosa. Tudo o que possuímos colocamos em comum e a serviço daqueles que precisam de nós e de nossas coisas materiais. Por isso, em sua vida de pobreza de fato, o religioso/a anuncia que há coisas mais importantes em sua vida humano-espiritual do que a posse de bens materiais como a oração, a fraternidade e a partilha.

Mas, mais importante, o religioso/a assume uma vida de pobreza de espírito. Ele/ela assume uma vida de dependência em Deus, por meio de uma vida de culto e adoração ao Criador. Tudo vem de Deus e o religioso/a sempre volta para Deus para agradecer e, mais importante, para consagrar tudo o que ganha a Deus, em liturgia. Somos capazes de fazer de toda a criação um ato de reconhecimento do Criador e, assim, renovar o plano original do Pai, isto é, uma busca de intimidade com o Criador, por nosso ser contemplativo. Por meio de toda a criação, podemos reconhecer o rosto do Criador e cantar nosso hino de culto e adoração. Lembramos aqui o grande cântico de São Francisco, que vivia este aspecto contemplativo na radicalidade, chamando até a natureza de "irmão sol, irmã lua".

A vida comunitária é outro grande sinal de pobreza, no qual os consagrados/as reconhecem que tudo o que têm está colocado em comum (pobreza de fato) e que dependemos um do outro/a para viver com fidelidade nossa consagração (pobreza de espírito). Assumimos com paz nossas limitações humanas, sejam elas físicas, intelectuais, espirituais ou psicológicas. Buscamos nossa dependência de Deus e de nossos irmãos/ãs. Todos os dons e talentos de um consagrado/a são livremente colocados em comum para o bem dos outros. Nada fica somente com ele/ela. Tentamos continuar este gesto do Criador de fazer de tudo que somos e temos um dom de partilha. Tentamos viver a partilha de vida numa forma radical.

Do outro lado da profecia, queremos denunciar qualquer forma de violência que causa fratricídio, injustiça e desigualdade. Toda forma de ganância e de poder que deixa o outro/a sem o necessário para viver sua dignidade de filiação divina, o religioso/a precisa condenar e denunciar. Aqui entram todas as injustiças sociais que são tão evidentes em nosso continente pobre que um religioso/a precisa condenar profeticamente. Não somente o povo de Deus vive na pobreza, mas uma grande porção vive até na miséria, em que nem o suficiente tem para viver como ser humano, com dignidade.

Nossa profecia religiosa da pobreza diz ao mundo que aceitamos todos os seus valores que promovem culto e adoração a Deus e que promovem a dignidade de todos como filhos de Deus. E ela também significa que não aceitamos tudo o que é apresentado como valor neste mundo pós-moderno, como materialismo e consumismo, ganância e poder que vêm da posse de poucos ao prejuízo da maioria. Nós proclamamos por palavra e por vida que temos *alternativas evangélicas* que vivemos, e convidamos todos os batizados a nos seguirem nessas alternativas.

7. Consequências

a) Um religioso/a precisa ter uma atitude positiva diante das coisas materiais. Todas as coisas materiais são boas. Nada criado é mau em si mesmo. "E Deus viu tudo o que havia feito, e tudo era muito bom" (Gn 1,31). Em algumas linhas espirituais dos séculos passados, houve uma tendência a desprezar as coisas materiais como se fossem más em si mesmas. As coisas materiais foram inimigas da pobreza. Toda a ênfase espiritual foi dada na maldade das coisas criadas em algumas teologias e heresias do passado. Essa orientação, infelizmente, foi totalmente errada e impediu que o plano original do Pai acontecesse, isto é, que toda a criação nos levasse para a contemplação e para a intimidade com o Criador. Sempre houve dentro e fora da Igreja aquela antiga briga sobre o dualismo. Todas as coisas materiais foram consideradas inferiores, más e fontes de afastamento das pessoas das coisas mais sublimes. Segundo esta filosofia, e mais tarde teologia, somente o espírito é bom e pode aperfeiçoar o ser humano e nos levar a Deus. Essa orientação não deve existir diante da santidade de todas as coisas que refletem o Criador.

Somente com a visão da santidade e do valor das coisas materiais, o religioso/a poderia percebê-las como *um dom que quero devolver a Deus.* Como um religioso/a, eu não rejeito as coisas materiais porque são más, mas porque são boas e quero direcionar estas mesmas coisas a Deus em *culto e adoração.* Sem perceber a santidade de coisas materiais, eu não posso fazer delas um dom livremente oferecido a Deus em consagração.

Sinto tristeza com certos movimentos presentes em nossa Igreja que são totalmente contra o ideal apresentado na revelação bíblica. Alguns exageradamente dizem em suas pregações que as coisas criadas são a obra do "demônio" e não de Deus. Coisas materiais são "tentações" que nos afastam de Deus. Mas as coisas materiais não podem ser más porque refletem o Criador. Elas podem tornar-se más a partir de como o homem e a mulher utilizam estas coisas materiais. Pelo bom uso de todas as coisas criadas, o homem e a mulher podem chegar ao mais perfeito reconhecimento do Criador e chegar a atos de culto e adoração ao Criador. Como a Irmã Schneider nos lembra, o Concílio Vaticano II colocou a vida religiosa dentro da Constituição dogmática da Igreja em *Lumen Gentium.* "Nesse documento histórico, a Igreja renunciou sua posição ou visão negativa a respeito do mundo e reafirmou solidariedade com toda a humanidade, com a tarefa de transformar este mundo num contexto justo e pacífico para conseguir o crescimento pacífico para toda a vida."[9]

b) Vejo a grande importância sobre a questão da escolha livre da pobreza. Devemos ser pobres por uma opção livre, adulta e espiritual. Não se pode forçar a pobreza. Onde a vivência da pobreza é forçada e triste não há nenhuma profecia.

Essa questão toca, assim, profundamente, em nossas *motivações* em viver a pobreza de fato e de espírito. Fazer porque é uma lei, uma obrigação, uma necessidade imposta mata qualquer possibilidade de acolher a pobreza como dom e como uma continuação de Cristo pobre. Não haveria vida ou o Espírito Santo no meio dessa vivência. Mas, pior, não haverá amor e solidariedade aos pobres que devem também motivar nossa pobreza evangélica.

Sinto às vezes que a questão da pobreza tornou-se uma questão de "quantidade" e, assim, está faltando o mais importante, a "qualidade". Somos mais preocupados com a questão legal da pobreza do

---

[9] Schneider, Sandra, *New Wine Skins*, Paulist Press, New York, 1986, p. 88.

que com o espírito de Cristo atrás da vivência da pobreza. Em poucas palavras, *falta o amor que deve motivar nossa pobreza.* Eu sou pobre porque quero amar a Deus e a meu próximo numa forma radical. O amor tem de ser a motivação mais radical na vivência da pobreza. Somente isto poderá ajudar-me a buscar e acolher com alegria a pobreza de fato e de espírito como opção clara de vida.

c) Como vimos no primeiro capítulo, a prática da pobreza tem muitos rostos ou modelos. Mas sem primeiro considerar algumas questões reais sobre onde estamos e com quem estamos vivendo e servindo, a profecia da pobreza será em vão. Não podemos iniciar uma reflexão sobre o voto de pobreza sem primeiro assumir o fato de que vivemos em um *continente pobre,* cercado por filhos/as de Deus vivendo em situações desumanas e até na miséria. Por isso, é necessário ter a coragem de acolher esta realidade especialmente em nossas reflexões sobre a pobreza de fato. Querendo ou não querendo, damos a impressão de que somos ricos.[10] Parece que não falta nada em nossas vidas. Precisamos de um pouco mais de honestidade diante de nossos estilos de vida, para que possamos mostrar para o povo que fizemos uma opção que desemboca mesmo na vida. Não é uma pobreza de teorias. Precisamos buscar uma simplicidade de vida muito maior. Precisamos ser pobres entre os pobres. Míseros não, mas pobres. Sinto que esta profecia é urgente nestes tempos em que o mundo pós-moderno somente prega um consumismo desenfreado e no qual a posse das coisas é que faz as pessoas "gente". Diante disso, nós religiosos/as precisamos mostrar que fizemos uma opção clara para não só não aceitar esta orientação, mas para mostrar positivamente que fizemos uma opção evangélica por continuar Cristo, que, "sendo rico, se fez pobre". E fizemos isso por opção livre, adulta e alegre.

d) Igualmente urgente é a necessidade de os religiosos/as profetizarem a pobreza de espírito neste mundo cada vez mais secularizado e isento da presença do Sagrado. Precisamos mostrar para o mundo que somos de fato homens e mulheres *"de Deus"* e que buscamos a vivência de uma vida contínua de culto e de adoração ao Criador.

---

[10] O'Murchu, Diarmuid, op. cit., p. 166.

Que somos cristãos que por opção buscam o amor de Deus através da oração e da liturgia comunitária. Um fato nós não podemos negar: quanto mais os próprios religiosos/as tornam-se secularizados, tanto mais nossa profecia é oca. A secularização tem apagado muito de nossa profecia da pobreza de espírito nos últimos tempos. Parece que temos menos tempo para estar com o Mestre a seus pés para aprender dele como consagrados/as. Esquecemos como ser discípulos/as do Senhor na pobreza.

A pobreza nesse sentido seria uma coragem para voltar a colocar Deus no centro de nossa vida individual e comunitária. Coragem de admitir que nos afastamos demais de ser homens e mulheres de Deus dependentes no Senhor. Que somos pessoas consagradas e pertencemos ao Senhor por livre escolha de profissão religiosa.

Em resumo, gostaria de citar uma frase que está ficando mais popular e mais questionante. Nós religiosos/as precisamos assumir a *coragem para sermos diferentes*. Houve um período, depois do Vaticano II, que os religiosos/as tentaram aproximar-se cada vez mais dos leigos e ser "um" deles. Isto trouxe muitas bênçãos para a vida religiosa, quando, finalmente, percebemos que somos batizados consagrados e, por isso, não merecemos tantos privilégios e lugares de destaque dentro da Igreja e no mundo. Começamos, então, a viver com e como o povo de Deus. Mas o pêndulo foi até o extremo e esquecemos que não somos simplesmente "leigos", mas sim leigos consagrados pela profissão religiosa. Nós temos uma identidade específica em nossa Igreja. Todos os documentos do Concílio Vaticano II fazem distinção entre leigos e consagrados. Sinto que chegou o momento de conversão para redefinir nosso ser na Igreja – nossa identidade na Igreja. Precisamos perceber que temos de fazer opções claras sobre nossa vida de pobreza material e espiritual. Precisamos ter a coragem de ser diferentes, assumindo valores evangélicos que nos fazem diferentes e proféticos no meio do mundo. Não devemos voltar a exigir privilégios como no passado, mas precisamos assumir nossa identidade, que inclui uma vida de pobreza.

Perguntas para facilitar a partilha comunitária

1. Como você encara o plano original do Pai na criação? Você sente que a natureza e as coisas criadas são boas e ajudam você "a enxergar Deus" e ter uma experiência de Deus? Você percebe que a contemplação faz parte da pobreza?

2. Como você entende "pobreza de fato"? Como devemos viver este aspecto da pobreza hoje em nosso continente pobre?

3. Como você entende "pobreza de espírito"? O que você acha que está faltando na vivência deste aspecto da pobreza?

4. O que mais tocou sua pessoa sobre a pobreza de Cristo? Sua pobreza de fato ou de espírito? O que mais mostra a pobreza de Cristo para você: sua Encarnação, a Eucaristia ou sua Paixão? Poderia partilhar seus sentimentos com a comunidade?

5. Como você vê a pobreza dos religiosos/as no Brasil? Somos profetas e profetisas do Reino para o povo simples? Você acha que nós temos distanciado de certa prática da pobreza, ou não?

6. Você acha que nossos conventos tornaram-se muito secularizados, ou não? O que está possivelmente faltando em nossa profecia?

7. Como você acha que podemos e devemos ter a coragem de ser diferentes na prática de nossa pobreza evangélica?

3 A PRÁTICA DA POBREZA

1. Introdução

Neste capítulo, gostaríamos de tratar sobre a prática da *pobreza de fato*, ou *pobreza material*. Antes que possamos falar sobre a pobreza de fato, é necessário lembrarmos que ela é um meio e uma condição necessária para seguir radicalmente o Mestre (Mt 19,21; Mc 10,21; Lc 18,22). E devemos lembrar que Jesus primeiro assumiu uma vida de pobre de fato. A motivação mais evangélica atrás da vivência da pobreza é algo mais profundo do que a pobreza em si mesma. Estamos falando da opção para amar alguém de uma forma radical, como está no centro do conceito de consagração religiosa.

A questão que está por trás da pobreza é que ela é um meio para viver a consagração religiosa com um desejo para continuar profeticamente a pessoa de Cristo, hoje, em circunstâncias concretas de vida. A pobreza faz parte do compromisso de toda uma vida expressa na profissão religiosa *para amar a Jesus Cristo totalmente, absolutamente e para sempre*, e para expressar aquele amor por meio dos conselhos da castidade, pobreza e obediência.[1] Toda a inspiração na vivência da pobreza, de fato, é para amar Cristo e para acolher a afirmação de seu amor por mim que sou um reflexo de sua fidelidade incondicional. Estamos falando de um amor mútuo entre Cristo e seu consagrado/a. *Pobreza é motivada pelo amor a Jesus Cristo*, se não ela nunca será uma pobreza evangélica e profética. Sem o amor, algo essencial estaria faltando na vivência e na profecia de nossa pobreza. Seria oca e sem sentido.

---

[1] Schneider, Sandra, *Selling All*, Paulist Press, New York, 2001, p. 81.

No fundo, a pobreza fala de um amor radical para uma pessoa, Jesus Cristo, e do desejo de viver a mesma opção que ele escolheu para poder viver sua consagração a seu Pai, que foi algo totalmente humano e divino. Queremos seguir Cristo e amar como Ele amou o Pai, por meio de sua consagração. É este amor que dá o sentido para a pobreza de fato. Não sou pobre para ser pobre. Isto não tem nenhum sentido, nem profecia, nem a realização humano-espiritual em uma vida consagrada. Sou pobre por opção livre, para amar a Cristo e amar Cristo especialmente nas pessoas sofridas, pobres e miseráveis, porque "Eu lhes garanto: todas as vezes que vocês fizeram isso a um dos menores de meus irmãos, foi a mim que o fizeram" (Mt 25,31-40).

Quando falamos de pobreza de fato, pode parecer que queremos limitar a vivência deste aspecto da pobreza somente para coisas materiais, como alguns modelos fizeram no passado. Não, sua vivência é muito mais vasta e exige muito mais dos consagrados/as hoje do que no passado. Vimos no primeiro capítulo alguns modelos de pobreza que frisaram somente este aspecto material. Esses modelos carregam suas vantagens e desvantagens. E uma das desvantagens foi que eles não acompanharam os sinais dos tempos e novos modelos que falam de outros aspectos da pobreza material. Na prática da pobreza, houve mudanças evidentes e mais radicais do que no passado. A pobreza não se limita mais somente a coisas materiais. De fato, houve uma explosão de novos sentidos de pobreza depois do Concílio Vaticano II. Todavia, sempre houve sinais desses "novos" sentidos através dos séculos, mas certamente eles não se tornaram predominantes na prática da pobreza como hoje com a ajuda de alguns novos modelos. Aqui entram as novas maneiras de viver a pobreza, como uma preocupação com a ecologia, com a justiça social, com a solidariedade para com os pobres, com a inserção e com os aspectos comunitários que envolvem a corresponsabilidade de todos e não só a do superior/a da comunidade sobre suas questões financeiras.

Houve os que livremente assumiram trabalhos manuais profissionais assalariados fora da comunidade religiosa como uma expressão de pobreza que foi algo muito inovador. Muitas destas inovações foram criticadas, se não rejeitadas, no início das experiências, quando os religiosos/as buscaram achar e viver novas expressões para viver a pobreza segundo os sinais dos tempos. Éramos tão rígidos em manter os velhos modelos da pobreza que levou tempo para que o novo fosse realmente aceito na vida consagrada. Não foi fácil, e, às vezes, as novas expressões foram a causa de divisão entre os membros de uma província. Nossa visão da pobreza ficou fixa em somente um modelo monástico e impediu que enxergássemos e assumíssemos o novo, segundo os sinais dos tempos. O apelo é que os religiosos/as assumam o voto da pobreza "vivida sob diversas formas e acompanhada muitas vezes por um empenho ativo na promoção da solidariedade e da caridade".[2]

2. A pobreza de fato – aspecto pessoal

O voto de pobreza é um compromisso que é ao mesmo tempo pessoal e comunitário. Não posso viver a pobreza em um vácuo. Vivemos nossa pobreza material sempre em um contexto comunitário, seja dentro de uma comunidade de consagrados/as ou dentro de uma situação social, na qual exercemos nossos serviços e apostolados. Mas o importante para lembrar e viver é que toda pobreza de fato começa *dentro de mim, mas se expressa fora de mim.* Começa com minhas opções e motivações que têm de ser livres e orientadas para o amor a Deus ao próximo. Se esquecermos isto, corremos o perigo de cair em dois extremos falsos. Pode expressar-se em um *farisaísmo,* no qual fazemos por fazer, ou pior, para sermos vistos, mas sem a motivação de amor como o coração da pobreza. Pode expressar-se também no *comodismo,* no qual simplesmente vivemos a pobreza por conveniência, completamente sem convicção interior e profecia evangélica. Por isso, entram aqui todas as justificações para viver uma pobreza que não é evangélica nem profética. Nossa motivação interior vai determinar a autenticidade da prática de nossa pobreza. Sem o amor não há pobreza da forma como foi vivida pelo Cristo que queremos seguir. E, sem acolher a pobreza como um valor evangélico, seria impossível viver a pobreza de fato. Ninguém vive o que não acredita como um valor em sua vida.

Para praticar a pobreza material, precisamos sempre fazer certos discernimentos pessoais. O discernimento é uma busca para purificar nossas motivações interiores, segundo o espírito evangélico do

---

[2] *Vita Consecrata*, Paulinas, São Paulo, 1996, p. 177.

voto. *Exige muita honestidade com nós mesmos para viver a pobreza de fato.* A determinação deste discernimento sempre será feita dentro de nós. A pobreza de fato começa no interior, em que precisamos iniciar contemplando a pobreza do Mestre Jesus. Cristo pobre de fato é nosso modelo, e precisamos começar contemplando seu ser e agir pobre. E em meu interior eu vou me encontrar com meu ser consagrado e com o compromisso que fiz de seguir Jesus radicalmente. Sem honestidade comigo e com Deus não posso nem começar o processo de discernimento. Preciso de uma abertura radical ao Espírito Santo, para que Ele possa mexer comigo e purificar minhas motivações. Eu não posso ser coerente na vivência da pobreza sem primeiro entrar em meu interior. A pobreza de fato começa com uma abertura honesta diante dos apelos de Deus a meu coração. Uma abertura honesta que termina em opções e atos concretos e em uma libertação interior. A finalidade da pobreza é libertar-nos para amarmos a Deus e a nosso próximo.

A pobreza não significa que somos chamados a viver na miséria. A pobreza não está tanto em não possuir coisas, mas mais em *por que* nós religiosos/as queremos ter ou possuir isto ou aquilo. O verdadeiro sentido da pobreza material no mundo carrega a característica de *insuficiência*. A miséria significa não ter o suficiente das coisas que são essenciais para uma vida humana digna. Na miséria faltam as coisas necessárias para ser "gente". Este conceito toca na totalidade do ser humano. A saúde, a educação, o alimento, a roupa, um lar, o lazer, a ecologia, a justiça social são todos elementos que mais cedo ou mais tarde podem tocar nos conceitos de pobreza material e de insuficiência. A pobreza material entre os verdadeiros pobres também significa a falta de opções, porque a um pobre falta o necessário para poder fazer opções.[3]

Desde o começo da vida religiosa, sempre existia uma opção livre para escolher a pobreza material dentro do contexto de uma caminhada espiritual de libertação para amar a Deus radicalmente. Os religiosos/as livremente tomaram uma posição diante dos bens materiais da criação, isto é, escolheram viver *uma falta relativa ou insufici*ência *relativa dos bens deste mundo*. E fizeram esta opção livremente para poder buscar melhor seu "Único Absoluto" Deus. A

---

[3] Schneider, *New Wine Skins*, op. cit., p. 170.

razão última, até sobre a pobreza de fato, foi motivada por uma razão espiritual. Na história do começo da vida consagrada houve também extremos excessos de pobreza material e insuficiência em prol do espiritual, especialmente nos eremitas do deserto, que chegaram até a miséria radical que nunca foi o ideal, mas a exceção.[4] Quando o sistema monástico começou, o ideal não foi uma pobreza tanto no sentido de insuficiência, mas o ideal foi em viver uma *pobreza relativa em um contexto comunitário*. Em outras palavras, qualquer que fosse o objetivo do voto de pobreza, ele não foi pobreza no sentido primário e próprio da palavra: insuficiência".[5]

Por isso, quando religiosos/as dizem que são "pobres", eles/as querem profetizar primeiro que desejam manter uma distância do que é considerado no mundo como "luxo". E, segundo, querem dizer através do voto de pobreza que não procuram ser isentos do necessário na vida, isto é, uma pobreza no sentido estrito da palavra. Em nenhum lugar Cristo condenou a riqueza em si como um mal, mas apontou para a dificuldade de um rico entrar no reino dos céus, porque seu coração estaria dividido entre suas riquezas e a opção batismal em favor de Deus e de seu irmão (Mt 9,23; Mc 10,25; Lc 16,19-31). "Ninguém pode servir a dois senhores. Porque ou odiará a um e amará o outro, ou será fiel a um e desprezará o outro. Vocês não podem servir a Deus e às riquezas" (Mt 6,24). Por outro lado, não há dúvida na Bíblia de que a pobreza no sentido exato da palavra, insuficiência e miséria, é um mal detestado por Deus, especialmente quando os ricos aproveitam dos pobres para ficar mais ricos (Êx 3,7-10; Is 3,14-15; Jr 20,13; Ez 18,12-17; Am 2,7). O verdadeiro sentido da pobreza evangélica é que nós religiosos/as optamos por viver uma pobreza relativa, uma *simplicidade radical de vida* para podermos ser profetas do reino onde buscamos nosso único Absoluto, Deus. Mas é bom explicar que este conceito de pobreza relativa exige também algum tipo de renúncia ou insuficiência material e espiritual. Não é uma pobreza completa, mas sim, relativa.

---

[4] Lacarrière, Jacques, *Padres do Deserto*, Edições Loyola, São Paulo, 1996. Pode ler sobre a extrema pobreza desse padres do deserto no capítulo onze, p. 237-248.

[5] Ibidem, p. 172.

A primeira coisa necessária no discernimento é a questão sobre nossas necessidades materiais. Todo o problema e sua solução sobre a questão da pobreza material estão em *nosso querer de coisas materiais* e no processo para determinar se tais coisas são ou não são necessárias em nossas vidas individuais e comunitárias. Toda pobreza evangélica, então, começa no interior do consagrado/a e toca em suas motivações. Sem honestidade interior, há sempre o perigo de querer e justificar o desnecessário. Exigimos, portanto, o que de fato não precisamos. Isso coloca os outros membros da comunidade, ou do povo que servimos, automaticamente numa situação de necessidade, porque ficam sem o necessário enquanto eu guardo para mim mesmo o que é supérfluo. Para salvaguardar este perigo, a pobreza tradicional sempre exigiu a consulta e a licença de um superior/a antes que um religioso/a pudesse conseguir tal coisa material. "...Além de uma vida pobre na realidade e no espírito, a ser vivida laboriosamente na sobriedade e alheia às riquezas terrenas, implicam a dependência e a limitação no uso e na disposição dos bens de acordo com o direito próprio de cada instituto".[6]

Mas a prática da pobreza exige, além da licença do superior/a, a prática anterior e interior da *virtude da pobreza*, que deve sair de dentro da pessoa consagrada e não regulada por normas externas. "Um conceito jurídico de pobreza se restringia à renúncia a todo ato de propriedade, ao uso independente dos bem materiais. A dependência dos superiores sempre resguardava o voto, ainda que não salvasse sempre a virtude."[7] Aqui estamos diante de um grande desafio na prática da pobreza na pós-modernidade. Possivelmente, podemos cair em dois erros sérios, que teriam influência em nossa profecia da pobreza. O primeiro erro é pensar que o mais importante é a licença do superior/a. O mais importante não é a licença do superior/a, mas sim a honestidade sobre minhas motivações interiores, isto, sim, é o mais importante. Eu quero seguir Cristo e isto depende totalmente de minha atitude interior. Essa realidade é de suprema importância diante da vivência da pobreza. Eu preciso ser honesto/a comigo mesmo sobre a questão se tal coisa é ou não necessária em minha vida, para conseguir uma simplicidade de vida em uma pobreza relativa. *Eu preciso assumir a virtude de minha pobreza, antes de procurar a licença do superior/a.*

---

[6] Código da Lei Canônica, op. cit., Cân. 600, p. 279.

[7] Alonso, op. cit., p. 333.

E o segundo possível erro é que posso pensar que o aspecto comunitário não entra na questão de meu discernimento interior. Sempre que eu interiormente quero discernir sobre minhas necessidades materiais, preciso pensar no bem comum também dos outros membros da comunidade. Não é somente o aspecto do individualismo que determina minha pobreza, mas o elemento do bem comum também precisa entrar: "Eles tiveram tudo em comum, e não houve necessitados entre eles" (At 2,42-47; 4,12-17).

O grande desafio da vida consagrada neste mundo pós-moderno, que apresenta o trigo com o joio (Mt 13,24-30), é tentar determinar individual e comunitariamente o que realmente significa uma *pobreza relativa que é prof*ética. É claro que precisamos mostrar necessariamente uma simplicidade de vida. "Em uma sociedade pouco fraterna...os religiosos deverão ser testemunhas de uma real austeridade de vida."[8] Mas é tão fácil justificar tudo segundo alguns princípios da pós-modernidade como individualismo, consumismo e prazer sem serviço que, em vez de profetizar uma pobreza evangélica ao mundo, ficamos iguais ao mundo. Não há mais profecia. Somos profetas/profetisas mudos e ineficazes. "Cada vez mais os religiosos estão ficando conscientes da condição triste de muitos no mundo e, por isso, certo sentido da falta de autenticidade em dizer que praticamos a pobreza enquanto gozamos de liberdade de qualquer insegurança material.[9] Assumimos as normas e estruturas do mundo e assim não temos o direito de questionar o mundo que se afasta de Deus cada vez mais em seu materialismo. E nosso acúmulo desnecessário de bens está também fechando os ouvidos e os corações das pessoas consagradas. Estamos esquecendo que a pobreza deve libertar-nos das coisas desnecessárias, para podermos buscar amar a Deus e a nossos irmãos/ãs em necessidade.

3. Elementos da pobreza de fato

Os documentos da Igreja da América Latina certamente nos forneceram alguns indicadores para nos ajudar e para nos questionar em nossos processos de discernimento.

---

[8] *Conclusões da Conferência de Puebla*, Edições Paulinas, São Paulo, 1979, p. 171.

[9] Schneider, *New Wine Skins*, op. cit., p. 91.

a) Precisamos viver uma maior **simplicidade de vida** e uma pobreza relativa, buscando somente o necessário. Precisamos afastar-nos de qualquer indicação de luxo pela qual ficamos tão preocupados em conseguir o desnecessário. Os religiosos/as começaram a assumir que "não temos direito para o desnecessário quando há outro a nosso lado com necessidade".[10] Como religiosos/as, Deus está nos chamando a viver somente com o que é necessário e até com o que é indispensável. Essa opção nos liberta para sermos mais generosos na partilha e na doação e também livres em receber, gratuitamente, o que também faz parte da pobreza.[11] O apelo é claro na exortação apostólica *Vita Consecrata*: "Deste modo, às pessoas consagradas é pedido um renovado e vigoroso testemunho evangélico de abnegação e um estilo de vida fraterna inspirada por critérios de simplicidade...[12]

b) Nossa pobreza material precisa levar em conta a necessidade de *inculturação*. Nosso modelo é a grande **inculturação** do Verbo que desceu, fez-se carne e habitou entre nós. O lugar social em que estamos vivendo e agindo apostolicamente exige que vivamos *com e como* os pobres que evangelizamos. Sem esta tentativa para seguir Cristo, que desceu e se encarnou e "sendo rico se fez pobre", nossa evangelização não terá efeito permanente. A inculturação é um processo de deixar o que aprendemos e o que fez parte essencial de nossas vidas para podermos acolher e viver outros valores diferentes, que vêm de outras culturas e até de subculturas no mesmo país. É a necessidade de "morrer" para o velho para ressuscitar para o novo em outras maneiras. A inculturação exige muita pobreza para aprender o novo, acolher e apreciar o novo e descobrir Deus em seu meio. E, finalmente, exige pobreza para que o evangelizador seja evangelizado pelo povo que ele evangeliza. Eles podem nos mostrar o rosto de Deus e experiências de Deus em maneiras bem diferentes.

c) Precisamos tentar tudo isso para entrar no processo de **libertar o povo** de sua miséria, porque vivem sem o necessário para

---

[10] Ibidem, p. 102.

[11] Congresso sobre a Vida Consagrada, 2004, www.vidimusdominum.org., p. 26.

[12] *Vita Consecrata*, Paulinas, São Paulo, 1996, p. 178.

viver. Eles/as não podem viver com dignidade, por força maior, como filhos/as amados de Deus. Isso exige que sejamos familiarizados com a doutrina social da Igreja, que tem uma herança muito bonita em favor dos pobres e miseráveis. Exige que conheçamos um pouco de tudo o que toca na justiça social: política, economia, leis de trabalho, os direitos dos cidadãos, para servir melhor os necessitados. Cursos fornecidos pela CRB sobre a realidade brasileira poderiam ajudar-nos muito a conhecer a realidade gritante da grande parte do povo de Deus em nosso próprio país.

d) Somos convidados a entrar no movimento de **inserção**, em que poderemos mostrar o rosto da compaixão de Cristo aos sofredores/as. "Saber aproximar-se do povo e inserir-se no meio dele, sem pôr em questão a própria identidade religiosa, nem obscurecer a 'originalidade específica' da própria vocação, que deriva do peculiar 'seguimento do Cristo' pobre, casto e obediente"[13]. A vida consagrada não vai sobreviver nem cumprir sua missão se ela não for inculturada nos lugares onde atua. Há vários níveis de inserção que vão de uma vida de miséria (viver em verdadeiras favelas; viver com o povo sem-terra ou sem-teto), para uma vivência de simplicidade nos meios populares de trabalhadores. O fim é mostrar para todos o rosto da compaixão de Deus e uma aproximação real dos que estejam em necessidade. Quem ama é "próximo" de todos/as, porque somente a compaixão pode fazer-nos "próximos".[14] É claro que houve muitos sucessos e fracassos no processo do "êxodo" de nossos grandes conventos, para podermos viver com e como os pobres na inserção. A mudança de um lugar social para outro mais ausente de condições humanas pedia uma conversão interior antes que pudesse ser realizada de fato. Mais uma vez, a pobreza começa dentro e não fora de nós.

e) Para vivermos a pobreza de fato no discernimento, haverá a necessidade de apelar para uma justa **hierarquia de valores**. Há necessidade de fazer opções. As opções entre o que é "luxo" e o que é "pobre" talvez sejam claras na cabeça, mas nem sempre na vida. Como

---

[13] *Conclusões da Conferência de Puebla*, op. cit., p. 172.

[14] Congresso sobre a Vida Consagrada, 2004, op. cit., p. 18.

pessoas consagradas com o voto da pobreza, nosso discernimento exige que optemos pelo "pobre" e rejeitemos livremente o "luxo". É preciso muita honestidade para viver este princípio. Exige um esclarecimento da finalidade da pobreza. Buscar a Deus é o fim da pobreza.

Mas o problema acontece quando precisamos optar entre duas coisas "boas". Uma coisa na escala de hierarquia de valores é mais importante ou evangélica do que a outra. Por exemplo, planejo comprar com o dinheiro da comunidade uma peça de roupa que preciso quando, de repente, um coirmão/ã fica doente e precisa exatamente desse dinheiro para comprar remédios. Qual é o mais importante entre estas duas coisas boas nesse momento: a roupa ou o remédio? As duas são boas! Não é tão fácil viver esta hierarquia de valores na pele. Escolher o mais pobre evangelicamente exige renúncia e desapego. A norma seria escolher o que mais agradaria a Deus nessa hierarquia de valores. *A caridade sempre é a norma mais importante no discernimento sobre a hierarquia de valores.*

f) Um elemento da pobreza material pode ser totalmente esquecido nessa tentativa de inserção e envolvimento na libertação do povo, isto é, o **elemento contemplativo** da pobreza. O documento de Puebla nos questionou fortemente sobre este elemento ."Um momento de verdadeira adoração tem mais valor e fruto espiritual do que a mais intensa atividade, ainda que se tratasse da própria atividade apostólica".[15] Todos nós devemos perceber que foi aqui que muitos de nós falhamos como testemunhas nos primeiros momentos de entusiasmo em tentar viver a teologia da libertação. Esquecemo-nos de cultivar a contemplação no meio da ação e foi isto que, às vezes, nos afastou da fonte da graça. Começamos, então, a acolher os esquemas do mundo e começou um distanciamento de Deus. Ficamos ricos de coração, sem precisar de Deus. Somente a contemplação e a intimidade com Cristo humano e pobre podem levar-nos a viver, com sinceridade, a pobreza material.

g) A necessidade de **ascese cristã** e renúncia não pode faltar na vivência da pobreza de fato. Cristo nunca enganou seus discípulos. Quem quis seguir o Mestre precisou renunciar a si mesmo (Mt

---

[15] *Conclusões da Conferência de Puebla*, op. cit., p. 172.

16,24; Mc 8,34; Lc 9,23). E a respeito da pobreza de fato, esta renúncia se chama *desapego* dos bens materiais deste mundo. O desapego não fala de renúncia por renunciar. A motivação precisa ser muito mais profunda. Todo ser humano tem uma tendência a agarrar-se às coisas materiais por razões de segurança e para exercer poder sobre os outros. No processo, como vimos com Adão e Eva no último capítulo, o homem e a mulher então começaram a mudar seu "Absoluto". Descartaram o único Absoluto, Deus, para concentrar sua adoração nas coisas materiais. E Jesus foi claro. É difícil para essas pessoas entrarem no Reino de Deus. Por isso, Cristo pediu que os doze apóstolos assumissem a mesma renúncia que o próprio Cristo assumiu, isto é, o desapego de todas as coisas materiais que poderiam destronar o único Deus pela idolatria das coisas criadas. O desapego, então, fala de não deixar que sejamos enganados pelas coisas materiais. Reconhecemos as coisas materiais, usamos as coisas materiais, mas não podemos substituir as coisas materiais por nosso único Absoluto, Deus. Tentemos evitar qualquer situação de idolatria, na qual adoramos as coisas criadas em vez do Criador.

4. Os novos modelos da pobreza de fato

a) Corresponsabilidade no uso e na administração dos bens

Antes do Concílio Vaticano II, a vivência da pobreza material era mais fácil. Raramente, os religiosos/as tiveram meios para sair de um modelo monástico bem detalhado. A vida de pobreza comunitária, como vimos, era regulada pela norma do "mesmíssimo" em tudo. Os membros da comunidade quase nada tinham a dizer sobre *a vivência externa* deste voto. Tudo esteve nas mãos dos superiores/as provinciais e locais. Sem dúvida, ao menos do ponto de vista de formação humana, este sistema criou certa infantilidade.[16] O religioso/a não ficou livre para escolher, e pior, ser responsável por suas opções. Às vezes, a vivência da pobreza foi desvirtuada de seu sentido teológico, por vários séculos, por leis externas e por uma visão estrei-

---

[16] O'Murchu, op.cit., p. 167.

ta e canônica.[17] A pobreza neste sentido foi reduzida mais uma vez a uma questão de quantidade e licença do superior, e não de qualidade evangélica pessoal e comunitária. Esquecemos o porquê teológico do voto de pobreza.

Um aspecto desta situação era o fato de que os membros de uma comunidade religiosa, fora do superior/a e do ecônomo/a, não sabiam nem quanto dinheiro a comunidade possuía nem como o dinheiro era dividido entre os membros da comunidade. Ficamos como cegos e não participantes dessas preocupações comunitárias. Somente "se praticava" a pobreza quando precisávamos buscar a licença do superior para comprar algo. Depois do Concílio Vaticano II, este tipo de pobreza ficou fortemente criticado e foi introduzido o novo modelo de *corresponsabildade*.

Em muitas congregações, os membros de uma comunidade religiosa agora estão participando mais ativamente no uso das finanças da comunidade local e também assumindo mais responsabilidade sobre o destino do dinheiro nos assuntos financeiros da comunidade. De um sistema de forte segredo sobre a situação financeira de uma comunidade, agora existe uma atmosfera de abertura, na qual todos participam da situação econômica da comunidade. Todos agora são corresponsáveis nas decisões sobre o que devemos fazer com "nosso dinheiro" e até sobre a questão de como devemos agir diante da falta de dinheiro. *A prática da pobreza, hoje, exige a participação e a necessidade de fazer opções individuais e comunitárias.* Não devem existir mais somente pessoas de autoridade que regulam nossa vida na prática da pobreza. Agora a questão da pobreza somos "*nós*". Foi introduzido o aspecto de *responsabilidade coletiva* na vivência da pobreza que não existia nos velhos modelos, por muitos séculos. E é este modelo que produz adultos na fé e na virtude da pobreza. Hoje é difícil viver a pobreza sem um sentido forte de corresponsabilidade.

Essa mudança aconteceu com mais facilidade onde existiram comunidades menores e comunidades inseridas. Foi muito mais fácil discernir a questão de pobreza corresponsável nessas situações. Começamos a promover meios para regular as finanças na comunidade em que cada um/a é responsável para dizer o que precisa e quanto vai custar e para registrar tudo isso em uma forma pública. Finalmente,

---

[17] Schneider, *New Wine Skins*, op. cit., p. 66-69.

nossa pobreza tornou-se um livro aberto. As leis nacionais, que exigiram notas fiscais por tudo o que gastamos, também nos ajudaram a viver com mais responsabilidade diante das coisas materiais. Algumas comunidades introduziram a prática de trocar o "ecônomo/a" a cada mês, ajudando a todos a sentir a corresponsabilidade de dirigir as finanças da comunidade. Embora ainda exista a prática de pedir a licença do superior/a para coisas maiores, quanto mais o pedido é feito em um contexto comunitário tanto maior é a corresponsabilidade que cresce. Ficamos muito mais adultos na vivência de nossa pobreza e certamente mais conscientes e coerentes para as necessidades de todos/as na comunidade. Pela prática da pobreza na corresponsabilidade, cresceu a caridade entre nós. Ficamos preocupados com os outros na comunidade e não só com nossas preocupações egocêntricas.

Esse aspecto corresponsável também se refere à Província como um todo. A Província também precisa abrir-se para que todos os membros saibam quanto dinheiro há e como estamos cuidando de *nosso patrimônio*. Sem dúvida, muitas congregações ainda faltam nesta abertura. Nem o Espírito Santo sabe quanto dinheiro a Província tem! Mas, por outro lado, outras congregações abertamente mostram o que têm, como seu dinheiro está sendo aplicado e quais as necessidades da Província, especialmente no sistema de formação inicial que ainda é a maior despesa da maioria das províncias. E todos somos convidados a participar nestes projetos e a sentirmos corresponsáveis. Esses assuntos financeiros abertamente partilhados devem ser uma parte essencial de nossas assembleias e capítulos provinciais. Mas, para que ele dê certo, precisa existir um esforço igual de corresponsabilidade em todas as comunidades da província, para que o sistema seja algo honesto e para entender que tudo pertence a todos, e todos são corresponsáveis.

Os membros das comunidades são convidados a serem honestos/as sobre a situação financeira da comunidade diante das necessidades da Província. Infelizmente há abusos neste sentido. A norma não escrita infelizmente diz: o que é da Província *pertence a todos*, mas o que pertence à comunidade local *pertence somente a eles/as*. Aqui é onde entra a questão do famoso "caixa dois" nas comunidades locais. A comunidade começa a acumular certa quantia de dinheiro que guarda somente para ela mesma, sem nenhuma corresponsabilidade para com os outros membros da Província.

Quando os membros sabem que a Província precisa de sua ajuda, eles/as simplesmente escondem seu "caixa dois" e ficam guardando somente para eles/as o que, de fato, segundo a pobreza, pertence a todos. Precisamos de muito mais honestidade nesta questão, especialmente quando descobrimos que uma outra comunidade da Província precisa de nossa ajuda na caridade. E na pobreza podemos e devemos ajudar nossos coirmãos/ãs por meio da partilha. "Não houve necessitados entre eles". Mais uma vez, o que deve remar é a *caridade* e não o "caixa dois" como um absoluto.

Aqui entra também a questão de contas bancárias pessoais. Cada congregação deve ter uma orientação sobre esta questão. A norma mais aceita na pobreza é que não devemos possuir fontes pessoais de dinheiro, segundo a virtude da pobreza. Tudo o que recebemos por nossos trabalhos, nossos apostolados, pelo fato de que somos religiosos/as, deve ser colocado em comum. No passado, o "pecúlio", a posse de fontes pessoais de dinheiro, era considerado uma falta séria contra a virtude da pobreza. Hoje, com os sinais dos tempos e a modernidade, muitos religiosos/as têm, em suas bolsas, fontes individuais de dinheiro para emergências e para o uso diário de despesas. Não é considerado um pecúlio, mas uma necessidade. Não vivemos mais uma vida de mosteiro em um contexto de autossuficiência de tudo dentro do mosteiro. Mas é necessário esclarecer a diferença entre o uso comum de dinheiro e o acúmulo de dinheiro pessoal escondido do resto da comunidade. A questão tornou-se um problema que é real e que, muitas vezes, serve como uma fonte de divisão em uma comunidade, em que criamos *classes* entre os que têm fontes pessoais de fundos monetários e os que não têm. Alguns têm acesso à quase tudo e outros membros não têm os mesmos direitos, porque entregaram tudo à comunidade. Há necessidade de esclarecimentos por parte do governo provincial sobre esta questão, e muita honestidade da parte dos membros de uma comunidade religiosa. A lei canônica nos orienta dizendo: "Todos os institutos, porém, estabeleçam normas adequadas sobre o uso e administração dos bens, pelas quais seja promovida, defendida e expressa a pobreza que lhe é própria". [18]

---

[18] Compêndio da Lei Canônica, op. cit., Cânon 635, n. 2, p. 295.

E, finalmente, ficamos diante de um aspecto da pobreza material que é a necessidade de trabalho. Como pobres, todos os religiosos/as sintam-se obrigados à lei do trabalho. Cada um/uma deve cumprir seus deveres dentro e fora da comunidade, para poder sustentar sua própria pessoa e a dos membros de sua comunidade. No passado, nossos trabalhos não foram remunerados por salários, porque eram administrados pelos membros da comunidade. Com o fechamento de muitas de nossas obras, o cenário mudou muito em algumas congregações. Os membros ou saíram das obras ou começaram a agir somente na administração das obras, e começaram a receber salários por seus trabalhos. Hoje, uma grande maioria de religiosos/as é assalariada ou recebe aposentadoria. O perigo sempre existe em pensarmos que tal dinheiro é "meu" e não o entregarmos à comunidade. Tudo o que ganhamos em nome da comunidade é da comunidade, e a pobreza pede que entreguemos tudo para o bem de todos/as da comunidade. Outro aspecto é o aspecto profético. O'Murchu alerta-nos que somente quando os religiosos ganham seu pão cotidiano, ao lado dos que lutam pelo mesmo pão, é que eles/as serão proféticos entre os pobres.[19]

b) A pobreza como disponibilidade apostólica

Este modelo ficou mais evidente após o Concílio Vaticano II, com as novas imagens da Igreja e sua inserção em nosso mundo moderno. Todo o conteúdo dos documentos *Lumen Gentium*[20] e *Gaudium et Spes*[21] tirou os religiosos/as de sua vida semimonástica e pediu que eles/as entrassem, sem medo e com responsabilidade, nas correntes do mundo, como profetas e profetisas. Irmã Schneider diz que o voto de pobreza não fará nenhum sentido hoje para os próprios religiosos/as, nem se fala para os outros no mundo, se ele for entendido somente como um projeto pessoal e espiritual operando em um sistema fechado, em uma subcultura nos conventos.[22]

---

[19] O'Murchu, op.cit., p. 170.

[20] Compêndio do Vaticano II, *Lumen Gentium*, p. 92-96.

[21] Ibidem, p. 143-256.

[22] Schneider, *New Wine Skins*, op. cit., p. 10.

A pobreza religiosa precisa relacionar-se com o enorme projeto humano para organizar melhor e mais justamente os recursos materiais do mundo e para criar um mundo genuinamente mais humano. Precisamos de corresponsabilidade para com nosso mundo, a libertação dos pobres e as reformas institucionais. Os religiosos/as têm sua contribuição e precisam profeticamente esclarecer os valores evangélicos, que buscam uma economia justa, como alternativas nesta luta mundial.[23]

Nesse aspecto de entrosamento no mundo moderno por meio da disponibilidade apostólica, o voto de pobreza necessariamente se inter-relaciona com o voto de castidade. A disponibilidade para a missão e o serviço é considerada uma parte essencial da vida religiosa hoje.[24] Mas a pobreza apostólica fala de *serviço* para um grupo específico na igreja – aos pobres e marginalizados. E o serviço no fundo fala de um ato livre e generoso de doar-se aos pobres, o que toca muito também no voto de castidade. É impossível viver este aspecto da pobreza apostólica sem um profundo sentido de amar e abraçar toda a humanidade. É uma pobreza colorida pela castidade.

Este modelo de disponibilidade também fala do aspecto necessário de partilha. Tudo o que a comunidade religiosa tem em todos os aspectos humanos deve estar colocado à disposição dos que não têm. A própria lei canônica desafia-nos a viver este tipo de serviço e partilha. "De acordo com as condições locais, os institutos façam o possível para dar um testemunho como que coletivo de caridade e pobreza e, enquanto possível, contribuam com alguma coisa dos próprios bens para as necessidades da Igreja e o sustento dos pobres".[25]

Há vários questionamentos aqui que precisamos enfrentar para que nossa pobreza seja profética de fato. Primeiro, falamos sobre a questão da partilha como uma expressão de pobreza. A partilha possui um velho sentido, mas também há um novo aspecto neste conceito. Antes do Concílio Vaticano II, a ideia da partilha foi entendida como algo que somente se referia aos membros da própria comunidade religiosa. Esse conceito foi especialmente frisado no passado, na formação inicial. A partilha de um religioso/a primeira-

---

[23] Ibidem.

[24] O'Murchu, op. cit., p. 167.

[25] Código da Lei Canônica, op. cit., Cân. 640, p. 297.

mente estava direcionada somente para seus próprios coirmãos/ãs. A pobreza neste sentido começava em casa, mas, infelizmente, não saía da porta principal de nossos conventos. Era uma atitude radical de reconhecer que tudo o que possuía, dons, talentos, educação etc., deveria ser colocado ao serviço de meus coirmãos/ãs. Não poderia comercializar esta parte de minha vida de pobreza querendo ganhar algo em troca por causa de minha partilha. Esta parte da pobreza era motivada pela caridade e pela castidade. Era uma partilha radical na qual não poderia guardar somente para mim mesmo meus dons, mas deveria colocá-los em comum para que todos/as na comunidade pudessem viver na dignidade de filhos/as de Deus.

O que mudou depois do Vaticano II foi a necessidade de sair da porta da frente de nossos conventos para partilhar tudo com os que não têm e especialmente para os que não podiam "pagar" nossos dons e talentos. Os destinatários foram estendidos para todos depois do Concílio. Não são mais somente meus coirmãos/ãs, mas todo ser humano em necessidade deve ser o destinatário/a de meus dons e talentos; e este é, hoje, o sentido religioso da pobreza profética. A pobreza é partilha alegre e generosa para com todos.

Essa colocação nos leva a um questionamento que é difícil. Damos a impressão para o povo de uma vida rica com todas as nossas posses. Até nossas posses na "inserção" nem sempre dão a impressão de que somos *com e como* o povo que evangelizamos. Acho que os religiosos/as têm crescido imensamente no desejo e na prática de viver com mais simplicidade de vida nos últimos anos. Mas o fato é que nós religiosos/as temos uma tendência para acumular bem que não usamos e, pior, que nunca vamos usar. Nossas casas têm porões cheios de coisas materiais que os pobres poderiam aproveitar, mas guardamos sem pensar neles. Guardamos somente para nosso grupo religioso, como foi no conceito velho da pobreza. Há uma falta séria de partilha na pobreza. Os móveis que nunca mais usaremos só acumulam poeira em nossos porões. Precisamos tentar viver com mais honestidade e nos livrar destas coisas, oferecendo-as aos que não têm. Nossa grande desculpa é que tais coisas pertencem a nosso patrimônio e um dia vamos precisar delas. Mas isso não justifica nossa tendência de acumular tudo sem pensar nos necessitados/as a nosso lado. "Ninguém considerava propriedade particular as coisas que possuía, mas tudo era posto em comum entre eles" (At 4,32).

Eis nosso desafio na partilha apostólica hoje, diante da realidade de nosso continente pobre.

A outra questão na vivência da pobreza apostólica é a disponibilidade. A disponibilidade no que diz respeito à pobreza significa que eu livremente coloco à disposição de todos *até meu tempo*. Estou disponível para servir onde e quando for necessário. Jesus veio para servir e até lavar os pés de seus discípulos e convidou seus seguidores a assumir as mesmas atitudes (Lc 22,24-30; Jo 13,4-17). Mais uma vez o voto da castidade está inter-relacionado com este aspecto da pobreza. Não posso ser disponível na pobreza sem primeiro ser casto. A motivação da disponibilidade é o amor. O serviço e o tempo oferecidos a Deus e aos irmãos/ãs são pobreza e castidade ao mesmo tempo.

Houve muitas mudanças sobre este aspecto da pobreza desde o Concílio Vaticano II. Antes do concílio, em certo sentido, o povo de Deus que buscava a disponibilidade de seus religiosos/as tinha de *ir ao encontro* deles/as em suas residências. A disponibilidade era determinada segundo a realidade do convento e não necessariamente a partir das carências do povo. Muitas vezes o povo que passava necessidade tinha de esperar até terminarmos certo ato comunitário para ser atendido. Antigamente nossos conventos se fechavam à noite e era uma exceção cuidar do povo depois que as portas se fechassem. A clausura era uma força muito grande para desligar-nos das realidades que nos cercavam.

Com o convite da Igreja para inserirmo-nos no meio do mundo, essa atitude mudou radicalmente. Agora somos nós que *devemos ir ao povo* em suas necessidades. E isto causou não pouca resistência entre os religiosos/as. Para não poucos foi difícil adaptar-se a esta mudança. A clausura, especialmente nas comunidades inseridas, acabou. De repente, a palavra disponibilidade significou uma casa que estava aberta o dia todo. Agora nosso lugar social como pessoas consagradas é entre e com o povo. A pobreza agora significa, que devemos ser disponíveis para atender o povo quando este vem buscando nossa disponibilidade. Não quero dizer aqui que não há necessidade de termos momentos importantes e de qualidade entre nós em nossas comunidades. De fato, se não houver estes momentos, não podemos cultivar nossa consagração com autenticidade. Momentos de oração, de estudos e de lazer são absolutamente necessários para manter a fidelidade em nossa consagração. Mas não podemos absolutizar tais momentos com prejuízo do povo de Deus que vem buscar nosso conforto, nossa presença e nossa ajuda espiritual e material. Essa disponibilidade tem sido uma grande marca de nossa presença entre o povo. O povo ama seus religiosos/as por causa desta expressão da pobreza e castidade. É mesmo um sinal da presença amorosa de Deus para com nosso povo pobre.

Recentemente, houve alguns questionamentos sobre este aspecto de nossa vivência da pobreza evangélica. Nunca li um estudo profissional sobre este assunto, mas, às vezes, ouvimos do povo uma reclamação: "Parece que nunca tem tempo para nós". Dá a impressão de que nossa disponibilidade tem diminuído ao invés de ter aumentado. Parece que há muitas distrações que antigamente não havia como um tempo exagerado na internet, um tempo exagerado para o "lazer" (especialmente TV) e a falta de renunciar a certos "direitos nossos" para servir ao povo com disponibilidade. A prática de Jesus nos questiona. Os apóstolos acabavam de voltar de seus serviços de evangelização e estavam cansados. Jesus, sempre um bom pastor, percebeu que eles precisavam descansar. "Vamos sozinhos para algum lugar deserto, para que vocês descansem um pouco." Mas, quando Jesus chegou a este lugar e viu a multidão, ele "teve compaixão porque eles estavam como ovelhas sem pastor". E, diante de seu direito de descansar, Jesus "começou a ensinar muitas coisas para eles" (Mc 6,30-34). O povo foi mais importante do que seus "direitos" para descansar e Jesus e os discípulos ficaram disponíveis para eles e, assim, foram pobres de fato.

c) A pobreza social

Certamente, antes do Concílio Vaticano II, o modelo predominante era o da pobreza material em um estilo monástico até nas congregações apostólicas. Mas sempre houve sinais na Igreja, entre os religiosos, de uma pobreza social, mas este modelo não era algo predominante. Sempre houve sinais em que os religiosos/as lutaram para defender os direitos do povo de Deus no sentido de lutar pela justiça social. Desde o começo do Brasil, os religiosos/as defenderam os índios, os escravos e os marginalizados. A maioria dos trabalhos apostólicos, de fato, estava a favor dos pobres e injustiçados. Todos os nossos trabalhos em hospitais, creches, orfanatos, asilos e escolas e muitos mais foram um sinal profético de cuidar dos pobres e uma denúncia contra o Estado que não cuidava desses pobres. Mas, com o tempo, muitas dessas manifestações de pobreza social ficaram obscurecidas, porque esquecemos os pobres ou insistimos em viver somente o velho modelo monástico da pobreza.

Depois do Concílio Vaticano, a vida consagrada recuperou o aspecto social da pobreza e introduziu novos modelos especificamente para buscar a justiça social junto com o povo de Deus. "A pobreza religiosa precisa relacionar-se com o enorme projeto humano para organizar os recursos materiais do mundo e para criar um mundo genuinamente humano. Precisamos de corresponsabilidade sobre o destino de nosso mundo, a libertação dos pobres e reformas institucionais. Os religiosos precisam profeticamente mostrar os valores evangélicos nesta luta mundial que busca por uma economia humana." [26] Hoje, para não poucos religiosos/as, o sentido do voto de pobreza é sobre uma aspiração profunda de que todos vivam em harmonia e justiça, e partilhando os bens da criação.[27]

A teologia de libertação nos desafiou a sair de nossa acomodação para buscar o alívio do sofrimento do povo. "Eu vi muito bem a miséria de meu povo que está no Egito. Por isso desci para libertá-lo" (Êx 3,7). Esse modelo de pobreza frisa muito o aspecto da profecia e do testemunho. Exige testemunho de vida, no sentido de que os religiosos/as são convidados a viver com e como os pobres, em uma opção livre de vida.

Profetizar a pobreza segundo este modelo não significa simplesmente batizar com piedade o que está acontecendo em nosso continente pobre. Significa, sim, a necessidade de contribuir com o esforço de libertação por meio da cooperação, da crítica, da criatividade e da denúncia. Mas também por meio de um modo de viver que sai diretamente de uma pobreza evangélica de espírito e de uma profunda experiência de que tudo é dom de Deus para nós. No começo da vivência deste modelo, depois do Concílio Vaticano II, religiosos/as infelizmente esqueceram o aspecto espiritual da pobreza social. Ficaram somente na condenação, sem procurar na contemplação uma experiência de Deus que sempre quis libertar seu povo.[28]

É necessário assumir que este modelo não funciona sem também considerar o aspecto do voto de castidade. A finalidade de libertar o

---

[26] Schneider, *New Wine Skins*, op. cit., p. 102.

[27] O'Murchu, op. cit., p. 167.

[28] Ibidem.

povo de tantas injustiças precisa começar com *um amor autêntico* aos pobres. Os pobres não são ideias ou teorias nem um estudo sociológico, mas têm um rosto e são amados por Deus. O amor casto é o que dá sentido a esta luta em busca de conseguir os direitos sociais deste povo desrespeitado e flagelado que nem pode viver como filhos/as de Deus com dignidade. Parece que acolher e viver este aspecto do amor é fácil, mas não é. Exige um abraçar da pobreza material para poder ser com e como o povo empobrecido e, realmente, participar de sua luta pela justiça social. Para ser profético, este tipo de pobreza material precisa ser uma escolha livre, adulta e alegre. Nosso modelo neste sentido de pobreza é sempre Cristo que, "sendo rico, *se fez pobre*". Sem contemplar primeiro Cristo, que livremente fez esta opção, é difícil viver este modelo social da pobreza. Ele começa e termina no amor aos pobres.

Tentando viver este modelo, o religioso/a está colocado no meio da tempestade social e longe das teorias sociais, econômicas ou políticas sobre a pobreza. É uma luta para conseguir uma ordem econômica justa, na qual deve haver partilha igualitária dos recursos que vai acabar com a opressão dos pobres. A pobreza inclui a prontidão de juntar-se também com todos os que procuram o bem da humanidade. A Igreja não é o único instrumento do Espírito Santo. A experiência de pobreza aqui significa a admissão de que os religiosos não têm todas as respostas ou reconhecimento humilde de que organizações secundárias podem ajudar os religiosos em sua missão, de maneira que sozinhos nunca poderiam conseguir.[29] Isto exige muito mais consciência de um estilo de vida simples entre os religiosos/as e uma cooperação participativa na política de justiça social. A meta deste modelo é respeitar a luta da humanidade para viver com o necessário e lutar contra todos os sinais da miséria. Para ser autêntico, este modelo precisa ter em mente a conversão e a reforma do homem e da mulher em sua totalidade e não somente de sua condição social ou material. Inclui também a evangelização sobre o respeito dos direitos dos outros, da partilha dos bens com os que não têm, de reconhecer que tudo vem de Deus e tudo deve voltar para Deus em culto e adoração.

Outro perigo deste modelo é a possibilidade de querer excluir outros do "reino", por causa da situação social, criando assim um ódio

---

[29] O'Murchu, op. cit., p. 168.

dos que são a causa das injustiças sociais. A violência sob qualquer forma estaria contra os princípios de Cristo, que pediu o perdão dos inimigos e dos pecadores e não sua condenação (Mt 5,43-48). Os religiosos/as precisam profeticamente viver esta atitude de Cristo primeiro e, depois, ensinar o caminho evangélico aos pobres para, sim, condenar os abusos, mas ao mesmo tempo procurar viver os elementos da compaixão, do perdão e da possibilidade de conversão dos ofensores. Cristo teve compaixão e perdoou aos ricos Mateus e Zaqueu, cobradores de impostos, que causaram sérias injustiças contra o povo pobre e sofredor (Mt 9,9-13; Lc 19,1-10). A atitude de compaixão de Cristo ajudou e pode nos ajudar hoje a levar pessoas à conversão.

E, finalmente, o religioso/a na pobreza e no testemunho da justiça social precisa acolher a possibilidade de perseguição dos que causam as injustiças. Podem aparecer mil formas de perseguição, mas a finalidade é sempre a mesma: *silenciar a voz de profecia em favor dos pobres*. Pode haver graus diferentes de perseguição, mas o mais forte é o martírio. O solo do Brasil está abençoado com o sangue de mártires religiosos/as que tiveram a coragem de viver este modelo de pobreza e profecia até suas últimas consequências.

Outra manifestação deste tipo de pobreza-profética é o envolvimento dos religiosos/as nos movimentos ecológicos. É uma profecia da pobreza que reconhece que Deus foi generoso e entregou toda a natureza nas mãos do homem e da mulher (Gn 1–3). Mas recebemos também o mandamento de cuidar, respeitar e proteger este dom. "Javé Deus tomou o homem e o colocou no jardim de Éden, para que o cultivasse e guardasse" (Gn 2,15).

Diante dos estudos dos pesquisadores, não podemos mais negar ou fechar nossos olhos para o fato de que a humanidade está desrespeitando e destruindo nosso planeta. A criação fornece o suficiente para todos viverem em dignidade. A criação pertence a todos como dom divino e não somente para os que possuem a maioria da terra como posse. Mas falta a partilha desses bens para resolver os problemas da fome, da doença e da mortalidade infantil. E pior, para poderem possuir mais, o homem e a mulher estão destruindo os recursos naturais. Por isso, o voto de pobreza exige que religiosos/as tomem uma posição clara diante desta situação gritante. Precisamos participar, segundo nossas possibilidades, dos movimentos que querem resolver essa triste situação da poluição, da fome, das doenças e da mortalidade infantil. As congregações religiosas devem usar sua influência coletiva para exigir leis que protejam a natureza e a reestruturação do sistema econômico, para criar na sociedade uma situação mais humana. Na pobreza material, não podemos ficar mais silenciosos/as diante das situações de injustiça social, econômica e política, que favorecem a destruição do dom que recebemos de Deus.[30]

d) Consequências

1. A pobreza de fato é em primeiro lugar uma *opção pessoal*. É por meu voto que escolho viver em comunidade para poder seguir Cristo de forma radical. Cada consagrado/a precisa achar seu próprio caminho na busca de autenticidade na vivência deste voto. *Não se pode legislar a virtude da pobreza*. Ela precisa ser uma escolha livre e adulta. Mas nem sempre esta autenticidade é fácil de se conseguir. Vivemos em um mundo com valores antievangélicos e, querendo ou não, sofremos fortes influências de suas propagandas. Somos filhos/as da pós-modernidade e não podemos escapar de suas influências. Muitos princípios antievangélicos já estão enraizados em nós e já estão também em nossos conventos. Essa realidade dolorosa é um verdadeiro desafio na formação inicial, quando estamos tentando mostrar o caminho evangélico aos candidatos/as para que eles/as possam optar de verdade pela pobreza. Princípios como individualismo egocêntrico, consumismo, apego às coisas desnecessárias, um senso atrofiado diante dos sofrimentos de muitos na sociedade existem dentro de nós em graus diferentes. Por isso, precisamos alimentar o aspecto interno ou meditativo de nossa pobreza. A honestidade começa dentro de nós, no silêncio, em que nos encontramos com nosso verdadeiro "eu", que é um ser consagrado, e em que a verdade pode levar-nos para a honestidade na prática da pobreza. Parece que mais e mais está havendo nos religiosos/as uma facilidade de justificar tantas coisas materiais ao invés de, se houvesse honestidade, concluir que de fato elas não são necessárias em nossas vidas particulares e comunitárias. Somente a honestidade e a abertura ao Espírito Santo podem libertar-nos dessas influências do mundo. Estamos no mundo, mas não somos do mundo (Rm 12,2).

---

[30] Schneider, *New Wine Skins*, op. cit., p. 183.

2. A pobreza, para ser um sinal do reino, precisa ser *algo alegre*. Não podemos negar que há o elemento de renúncia dos bens que Cristo mesmo assumiu e que ele nunca escondeu esta exigência de seus seguidores/as. A renúncia não necessariamente significa algo triste ou até difícil. Torna-se triste se a encaramos como algo pesado, imposto sem escolha e opção, e se esquecemos do aspecto espiritual da pobreza. *A finalidade do voto de pobreza é amar a Deus e amar ao próximo de forma radical.* A renúncia fala de uma opção livre para amar não de um sofrimento ou tristeza impostos como mortificação. Não quero dizer que não vamos sentir a vivência deste voto, que exige renúncia. Todos nós vamos sentir a necessidade de deixar algo para poder abraçar algo maior que é o amor. Essa renúncia é contra tudo o que aprendemos na sociedade na qual fomos formados. O povo de Deus precisa ver que somos alegres na busca de uma simplicidade de vida e de uma vida cheia de partilha. Nossa pobreza assumida precisa mostrar que é uma opção livre em favor do reino. Somos pobres por escolha evangélica. Somente assim podemos convencer e convidar os outros/as a fazer a mesma opção pelo reino.

3. Estou convicto de que o aspecto profético da pobreza é de importância hoje. Quando a pobreza foi vivida em um mosteiro com as "mesmíssimas" coisas materiais (velho modelo), ela era profética em si, mas não era muito vista pelo povo. Hoje a vida religiosa é uma página aberta e tratada até em jornais seculares. Nossa responsabilidade aumentou notavelmente a respeito do aspecto profético deste voto. Não podemos mais ficar escondidos atrás de portas fechadas ou sem nos inserirmos nas realidades que nos cercam. Nossa pobreza em certo sentido é um voto público que exige opções claras. A pobreza agora significa que precisamos tomar uma posição clara diante dos valores da pós-modernidade que destroem os princípios do Evangelho. *Nós precisamos assumir com coragem que somos diferentes para podermos ser proféticos/as.* Precisamos mostrar que queremos viver alternativas evangélicas em lugar de alguns princípios nocivos da pós-modernidade. Mas o questionamento é se nossa profecia está sendo vivida primeiro, individual e comunitariamente, antes que possamos ter um efeito na Igreja e no mundo. Não podemos falar e, depois, não viver o que professamos. Isso foi o que Cristo mais condenou nas pessoas dos fariseus e dos doutores da lei.

Eles pregavam, mas não viviam o que profetizavam. "Por isso vocês devem fazer observar tudo o que eles dizem. Mas não imitem suas ações, pois eles falam e não praticam" (Mt 23,1-12). Há uma urgência pedindo que vivamos de modo muito mais simples, mostrando para o mundo que é possível uma comunidade onde *Não há necessitados entre eles.* A profecia de pobreza está em nossa capacidade de "descer" como o Verbo quando Ele se fez carne. Hoje muitos religiosos/as têm diplomas universitários e ainda têm a pobreza de viver com e como os pobres. Isto é em si uma profunda profecia da pobreza. Não somos profissionais para ganhar, mas sim para servir e amar por meio de nossa pobreza e castidade.

4. Espero que tenha ficado evidente que uma visão reducionista da pobreza que só quer reduzi-la a coisas materiais não é suficiente como um valor hoje. A pobreza de fato precisa necessariamente tocar também na questão da prática de *pobreza social.* Ela também toca em assuntos como disponibilidade, serviço, responsabilidade de cuidar da natureza e sobre como podemos entrar na luta para buscar a justiça social para os miseráveis de nossa sociedade. A pobreza, finalmente, saiu de nossos conventos fechados e nos convida a entrar, com responsabilidade, nas correntes e nos movimentos da sociedade, buscando um mundo mais justo e fraterno. Nós religiosos/as temos muito a oferecer aos movimentos que buscam um mundo mais justo e humano. O fato é que nossa motivação mais profunda, o amor a Deus e ao próximo, seria uma contribuição vasta na busca da fraternidade entre todos/as, de qualquer raça, nação ou nacionalidade.

5. Qualquer estudo, discernimento ou busca de honestidade na vivência da pobreza precisa de dois elementos. Um elemento é o *contemplativo,* no qual precisamos primeiro contemplar a pobreza material do Verbo Encarnado. Cristo é o Mestre que nos pode mostrar o caminho da libertação para que possamos ser verdadeiros profetas do reino. A pobreza de fato do Cristo não foi uma ilusão ou uma teoria, mas sim uma opção clara. Ele se fez pobre por opção e para poder livrar-se de tudo o que não o deixaria viver seu amor ao Pai e à humanidade, de forma radical. Contemplando a radicalidade da pobreza de Cristo nos mistérios da Encarnação, da Eucaristia e da Paixão, vamos descobrir como ser pobres seguindo o mesmo ser e agir pobre do Mestre.

O segundo elemento é a necessidade de *confronto com a realidade social* e a questão da *inculturação*, na qual queremos professar nossa opção evangélica. Não podemos mais ficar alheios à situação de miséria em que a grande maioria do povo vive. Nossa opção foi por uma pobreza relativa, mas não foi por assumir qualquer sinal de luxo. Não podemos mais falar para o povo e depois voltar para uma vida em que não temos necessidades, nas quais como "pobres" nunca experimentamos a falta de algumas coisas em nossa vida pessoal e comunitária. Se isso acontecer, então não somos pobres de fato. Nossa profecia, nesse sentido, precisa ser revista e reformulada. A pobreza relativa deve incluir alguns dos sofrimentos dos pobres que nos cercam. Precisamos viver de modo muito mais simples, como os pobres, para podermos em oração oferecer a Deus os sofrimentos de seu povo amado. Devemos, alegremente, também sentir a falta de certas coisas materiais, para que possamos ser solidários/as com os que sofrem a falta do necessário em suas vidas.

6. Sem confirmarmos uma pesquisa profissional, não podemos aceitar como verdadeira a afirmação de alguns formadores/as que, quando se reúnem, dizem que a nova geração de religiosos/as tem um sentido menos esclarecido sobre a justiça social e, por isso, o aspecto social não entra suficientemente em sua prática da pobreza. Depois do Concílio Vaticano II e dos documentos de Medellín e Puebla, os religiosos/as ficaram mais atentos aos apelos para entrarem na luta em favor dos pobres e da justiça social. Alguns religiosos/as tornaram-se até militantes nos movimentos que defendem os direitos dos pobres. Contudo, parece que a nova geração de religiosos/as não sente o mesmo fogo para entrar na luta pelos direitos sociais dos pobres. Qualquer que seja a verdade, religiosos/as, depois de todas as orientações que têm recebido como claros sinais dos tempos, precisam estar mais atentos/as para participarem na busca de aliviar os sofrimentos do povo. Pode ser que os meios tenham mudado com o tempo e que possamos protestar tanto por uma passeata quanto pelo computador. Mas o que não muda é um sentido forte de *solidariedade* que brota de um amor para com o pobre e da busca de sua libertação. Tal atitude se faz uma parte essencial de nossa pobreza neste continente empobrecido. A CRB, normalmente, oferece cursos sobre a realidade brasileira no Novinter ou no Juninter. Mas nossa formação neste campo social não

pode parar somente na formação inicial. Precisamos de meios que nos atualizem nos assuntos sociais, políticos e econômicos para podermos acompanhar e assistir os pobres em sua busca de justiça social. E mais uma vez a motivação é o amor e a caridade aos pobres.

Perguntas para facilitar a partilha comunitária

1. Como você pessoalmente avalia sua prática da pobreza de fato? Poderia partilhar com seus irmãos/ãs de comunidade? Como cresceu na prática de sua pobreza? Onde você precisa de conversão?

2. Como foi sua formação sobre a pobreza? Você acha que faltou algo que o/a ajudasse a viver sua pobreza com mais corresponsabilidade, como um adulto/a?

3. Como você avalia a prática da pobreza de fato em sua comunidade religiosa? Você acha que o povo vê, aprecia e entende a escolha evangélica da pobreza da comunidade? O que falta?

4. Você acha que sua comunidade e Província aprenderam a viver a pobreza no uso e na administração corresponsáveis dos bens? Você sente que participa mesmo nas decisões financeiras da comunidade? Que passos foram positivos e o que ainda precisa melhorar?

5. Você sente que os religiosos são realmente disponíveis para servir aos pobres? Poderia partilhar seus sentimentos com o resto da comunidade?

6. Como você percebe a participação da comunidade no aspecto social da pobreza? Como sua comunidade e sua Província entram na luta para procurar os direitos dos pobres e apoiar o movimento ecológico?

7. Quais são as áreas nas quais precisamos crescer individual e comunitariamente na prática da pobreza? Como realizar tudo isso?

4 A POBREZA DE ESPÍRITO

1. Introdução

Enquanto um religioso/a é jovem, tem a impressão de que o mais desafiante aspecto da pobreza será a prática da pobreza material. Sentimos nosso apego às coisas materiais. Mas, com o tempo, e quando passa a época de sonhos, senão com as desilusões, o religioso/a coloca seus dois pés no chão, ele/ela percebe que a parte mais difícil na vivência da pobreza é realmente a pobreza de espírito. Não é de surpreender que Cristo tenha colocado como a primeira bem-aventurança não a pobreza de fato, mas sim de espírito. "Bem-aventurados os pobres de espírito, porque deles é o reino de Deus" (Mt 5,3). A colocação de Cristo não foi por acaso. Cristo mesmo teve de descobrir essa verdade em sua própria humanidade encarnada. E a pura verdade é que se não somos pobres de espírito nunca seremos pobres de fato. A pobreza espiritual vem de dentro e brota para fora numa expressão de pobreza de fato. Uma depende totalmente da outra, mas, sem qualquer dúvida, ela começa e termina com a pobreza de espírito. A pobreza espiritual é uma busca sincera de sempre procurar Deus, apesar de nossas fragilidades humanas e espirituais. É uma tentativa de esvaziar-se das coisas criadas, para que Deus possa encher o vazio com sua pessoa e, assim, exaltar e satisfazer as aspirações dos verdadeiros pobres de espírito.[1]

É importante entendermos que a pobreza espiritual não fala de coisas que podem ser consideradas exclusivamente "espirituais". A pobreza de espírito fala de vida – de coisas concretas na vida –, de situações reais que aparecem a cada dia em nossa existência consagra-

---

[1] Schneider, *New Wine Skins*, op. cit.

da. Ela fala de nosso passado, dos efeitos que ele teve em nossas vidas e fala também do presente, no qual vivemos e atuamos como pessoas consagradas. Fala de um processo de crescimento na consagração de nossa juventude para uma maturidade espiritual. Não é uma orientação ou virtude que exercemos de vez em quando. É uma virtude que toca em tudo que somos, fazemos e temos. Toca no espiritual e toca no material, toca na comunidade e toca no apostolado; toca em nossa espiritualidade e toca em nossa humanidade. A pobreza de espírito não é só uma maneira de viver, mas sim uma virtude pela qual a pessoa precisa assumir uma atitude diante de Deus.[2] É uma força interior que dirige nossa vida para o amor a Deus e para o amor ao próximo, o que descreve o coração de consagração. É um meio evangélico que santifica, que liberta e que nos ajuda a profetizar o reino de Deus no meio da comunidade e no mundo. É muito difícil viver a consagração religiosa sem uma pobreza espiritual bem afinada.

A pobreza de espírito é um meio que dirige o religioso/a para dar uma resposta diante de certas realidades que nem sempre são fáceis. Vamos ver essas realidades neste capítulo, mas a resposta da pobreza espiritual diante dessas realidades precisa ser uma resposta de *esperança*. A esperança em minha pessoa como filho/a amado de Deus, e, sobretudo, a esperança na fidelidade de Deus em nossas vidas. A pobreza de espírito é esperar no amor e na fidelidade de Deus e acreditar no impossível. "Jesus olhou para os discípulos e disse: 'Para os homens isso é impossível, mas para Deus tudo é possível'" (Mt 19,26). Uma esperança que cria um profundo sentido de confiança é a pobreza espiritual.

2. O aspecto pessoal de pobreza de espírito

A vivência da consagração religiosa é um desafio santo. Quando professamos diante da Igreja nossa consagração, fizemos uma opção séria, sincera e muita animada. Queríamos mesmo viver este amor a Deus e ao próximo de uma forma radical. E Deus acolheu nosso desejo de viver essa consagração segundo nossas possibilidades no momento. Talvez sonhássemos que tudo seria fácil diante dessa

---

[2] Ibidem, p. 170.

consagração sincera. Mas logo aprendemos que haveria uma porção de obstáculos que não nos permitiriam viver tudo com um coração livre e generoso. Um dia acordamos e descobrimos nossa profunda limitação humana diante do projeto da consagração. Não é fácil acolher o fato de que somos limitados e fracos diante do projeto de um amor incondicional e radical a Deus e ao próximo. Há coisas de nosso passado que interferem em nosso sonho e nos lançam no jogo da conversão para superar tais obstáculos no caminho. É assim começa nossa vivência de pobreza espiritual. Apesar de toda a nossa formação para o "perfeccionismo", descobrimos que seremos, eu e os membros de minha comunidade, sempre imperfeitos, e isso até "o caixão". O dia em que finalmente acolhemos tudo isso se torna para nós o começo da vivência da pobreza do espírito. É o começo da libertação espiritual.

a) Na prática da pobreza espiritual, às vezes, precisamos nos confrontar com nossas **limitações físicas**. Não somos máquinas perfeitas que sempre produzem os mesmos resultados. Há dias em que as coisas correm bem, e, de repente, dias em que nada dá certo. Há dias em que experimentamos uma grande disposição, e há dias em que sentimos fraqueza física, preguiça e desânimo. Nunca somos os mesmos todos os dias o que já é uma limitação humana penosa. A santidade é a busca de sermos sempre os mesmos, mas poucos conseguem esta meta em todas as circunstâncias da vida. Nós somos humanos e, por isso, imperfeitos e fisicamente limitados. A pobreza espiritual neste sentido é primeiro *acolher com bondade e paciência* essas limitações. Precisamos fugir de qualquer condenação de nós mesmos diante dessas limitações. Devemos chegar em atitude de pobreza espiritual e oferecer a Deus em culto e adoração nossas limitações como um dom. E assim poderemos então experimentar o amor incondicional do Pai em seu Filho Jesus, que nunca exige perfeição de nós porque Ele sabe que somos limitados. Que, apesar dessas limitações, o amor de Deus não diminui, mas incrivelmente aumenta. "É, pois, de boa vontade que me orgulharei, sobretudo, de minhas fraquezas, para que repouse em mim o poder de Cristo... pois quando sou fraco, é que sou forte" (2Cor 12,9-10). E, em nossa pobreza espiritual, somos capazes de olhar para nossa própria totalidade e celebrar: "Tu me envolves por detrás e pela frente, e sobre mim colocas tua mão. Eu te agradeço tão grande prodígio e me maravilho com tuas maravilhas" (Sl 139,6; 14).

b) Outra realidade são nossas **limitações psicológicas**. Querendo ou não, consciente ou inconscientemente, somos marcados por certas limitações psicológicas que não procuramos, mas que existem em todo ser humano, desde sua concepção. Herdamos um número de limitações de nossos pais como complexos e experiências negativas que marcam nossas pessoas e que, agora, nos impedem de amar e de sermos amados na gratuidade da vida. Somos psicologicamente pobres e limitados. Por isso as capacidades de amar e ser amado são um pouco distorcidas. Mais uma vez, essa realidade nos desanima na luta pela fidelidade na consagração. Queremos superar tudo de uma vez, mas a pobreza espiritual nos ensina que não funciona assim. Precisamos, como pobres, passar por um processo doloroso para superar nossos obstáculos psicológicos. E, mais uma vez, isso somente acontece quando na pobreza espiritual eu posso ficar diante de Deus sem medo, sem rejeição, sem condições, e deixar que Ele me ame e mostre seu carinho por mim, como Ele tanto quer. A pobreza espiritual é deixar que Deus seja Deus em minha vida, e "Deus é amor" (1Jo 4,1-21). E o amor de Deus sara e cura todas as nossas feridas psicológicas. Mas a pobreza espiritual exige que eu busque e confie neste amor divino e humano de Cristo e *deixe que ele aconteça dentro de mim*. A pobreza espiritual é uma confiança no amor de Deus, deixando a Ele o "como" e o "quando" da cura interior. Para pessoas que vivem na pós-modernidade, isto é tão difícil, porque querem resultados imediatos. Mas a questão da cura interior não acontece assim. Eu preciso primeiro confiar e acreditar que o amor de Deus é maior do que minhas limitações e que ele me ama de verdade e quer me libertar. E a cura acontecerá e seremos assim cada vez mais pessoas consagradas.

3. As limitações nos membros da comunidade

Cada membro de minha comunidade religiosa é formado de dons, talentos, mas também de limitações e fraquezas humanas como eu mesmo sou. Nenhum membro da comunidade é perfeito e nunca será. A pobreza espiritual me permite acolher meus irmãos/ãs em sua totalidade, dons e defeitos, e enxergar todos os meus coirmãos/ãs como dons de Deus em minha vida que me poderiam ajudar, facilitando minha fidelidade no projeto de consagração. Este conceito significa que a vida em comunidade está sempre *em processo* de realizar sua finalidade. O processo é um sinal de pobreza espiritual. A comunidade nunca é completamente perfeita. A comunidade deve acolher com paz e com pobreza que nunca chegará a um estado de perfeição, porque os membros em si são imperfeitos. Quem não acolhe essa realidade na pobreza espiritual está se preparando para uma triste frustração. Infelizmente, o conceito e a meta de perfeccionismo foram estampados em nossa mente e coração durante todo o tempo de nossa formação inicial. Fomos ensinados a procurar a perfeição em nós mesmos e a esperar, e até exigir, essa mesma perfeição nos outros. Mas somos um grupo de *batizados imperfeitos*, querendo viver em comunidade algo fantástico: a consagração religiosa. Nada mais. Nossa meta não é a perfeição em si, mas a busca constante para viver o amor a Deus ao próximo que é o elemento essencial da consagração. Exigir a perfeição na comunidade já é ter um "coração de rico". Quem acolhe toda a nossa imperfeição na busca de superar nossas dificuldades e limitações tem "um coração de pobre".

Esse estado de imperfeição não justifica a desculpa na qual simplesmente nada fazemos para superar nossas imperfeições e nossa infidelidade comunitária diante da aliança comum da consagração. Por isso, estamos em processo e formamos sempre uma *comunidade de conversão*.

É tão fácil entender e até acolher esse conceito de aceitação da totalidade do outro. Aprendemos que devemos aceitar o outro como ele/a é. Mas a realidade da vivência desse princípio é totalmente impossível de ser vívida sem a pobreza espiritual. É impressionante como falta esse princípio em nossa vivência comunitária. É impressionante como ficamos fixos nas imperfeições, sem enxergar o crescimento e o positivo em nossos irmãos/ãs.

Portanto, uma comunidade religiosa deve assumir sua condição humilde de *querer ser uma comunidade de amor*. Esse "querer ser" significa que a comunidade admite, com toda a sua realidade humana, que há entre seus membros problemas humanos, espirituais e morais, mas que eles estão tentando caminhar para algo mais e maior. Esse conceito de "querer ser" é pobreza espiritual e exige um acolhimento radical das fraquezas humanas dos membros da comunidade e um olhar realista para o futuro na esperança de que seremos capazes de superar nossas dificuldades. Seremos capazes de fazer opções claras para assumir valores evangélicos e rejeitar as normas do mundo que destroem a vivência comunitária. A pobreza espiritual, nos dá a possibilidade de experimentarmos juntos a copiosa redenção do Cristo Redentor, apesar de nossas limitações comunitárias. Isso se refere especialmente à atitude evangélica do perdão. O perdão é pobreza espiritual, no qual acolhemos o pecador/a e oferecemos-lhe o dom da ressurreição.

Sem a pobreza espiritual na comunidade, caímos em todos os erros mencionados nas cartas de Paulo às comunidades cristãs que não permitiram a vivência do amor fraterno. "Agora abandonem tudo isso: raiva, ira, maldade, maledicência. Não mintam uns aos outros. Mas, como escolhidos de Deus, vistam-se de sentimentos de compaixão, bondade, humildade, mansidão, paciência. Suportem-se uns aos outros e se perdoem mutuamente sempre que tiverem queixa contra alguém. E, acima de tudo, vistam-se com o amor, que é o laço da perfeição" (Cl 3,5-14).

Todo esse processo é pobreza espiritual no sentido comunitário. Suportar – perdoar– amar.

4. A realidade do pecado

A pobreza de espírito também toca em uma realidade da qual ninguém escapa. Somos não só imperfeitos humana e psicologicamente, mas também espiritualmente experimentamos nossa fraqueza de forma dolorosa. *Somos pecadores.* Somos infiéis à aliança de consagração e de amor que fizemos com Deus e com sua Igreja. Passamos a mesma experiência da pobreza espiritual de São Paulo, que descreve esta realidade assim: "Sabemos que a Lei é espiritual, mas eu sou humano e fraco, vendido como escravo ao pecado. Não consigo entender nem mesmo o que faço; pois não faço o que quero, mas aquilo que mais detesto... Assim, encontro em mim esta lei: quando quero fazer o bem, acabo encontrando o mal. Infeliz de mim!" (Rm 7,14-22).

Penso que todo religioso/a experimenta os mesmos sentimentos fortes e desanimadores de Paulo. Queremos sempre amar a Deus e ao próximo e somos sinceros, mas falhamos e optamos por não amar. É o grande sinal de nossa fraqueza humana e espiritual e de nossas limitações. E Paulo está sendo sincero conosco. Ele quer fazer o bem, como nós, mas, às vezes, não acha força e faz o oposto, escolhendo o mal e o pecado. Outra maneira de expressar sua situação dolorosa foi quando disse que: "Foi-me dado um espinho na carne, um anjo de Satanás para me espancar, a fim de que eu não me encha de soberba. Por esse motivo, três vezes pedi ao Senhor que o afastasse de mim" (2Cor 12,7-8).

Como é difícil na pobreza espiritual aceitar e viver com nossa inconstância no amor a Deus e ao próximo. Há duas respostas diante desta realidade nossa. A primeira é uma simples negação dessa realidade, e, assim, caímos na chantagem emocional diante de Deus, sem buscar a conversão como adultos na fé. Queremos que Deus apague nossa culpa, mas sem a necessidade de respondermos a seu amor e a sua misericórdia e, ainda, sem a necessidade de assumir a conversão sincera. Assim nós nos formamos como "filhinhos/as de papai", procurando viver como os "ricos de coração". Não crescemos, porque nos afastamos de nossa responsabilidade em nossas opções por não amar e por superar nossos pecados com uma resposta de amor a Deus que nos perdoa e nos chama à libertação, por meio da conversão. Acolher com sinceridade a conversão é uma atitude de pobreza espiritual.

Diante da fraqueza humana, Paulo nos dá outra resposta possível. Ele diz que Deus pode nos libertar: "Infeliz de mim! Quem me libertará deste corpo de morte? Sejam dadas graças a Deus, por meio de Jesus Cristo, nosso Senhor" (Rm 7,24-25).

E sobre o espinho na carne a resposta é também uma afirmação de pobreza espiritual: "Ele, porém, me respondeu: Para você, basta minha graça, pois é na fraqueza que a força manifesta todo o seu poder. E é por isso que eu me alegro nas fraquezas, humilhações, necessidades e angústias, por causa de Cristo. Pois, quando sou fraco, então é que sou forte" (2Cor 12,9-10).

O pecado assumido na pobreza espiritual me permite a aproximação com Deus. Assim, eu posso ir com meu pecado e minha fraqueza, *sem medo ou chantagem emocional*, diante do Sacerdote do Novo Testamento, uma vez que também Ele sentiu as fraquezas humanas. "De fato, não temos um sumo sacerdote incapaz de se compadecer de nossas franquezas, pois ele mesmo foi provado como nós, em todas as coisas, menos no pecado. Portanto, aproximemo-nos do trono da graça com plena confiança, a fim de alcançarmos misericórdia, encontrarmos a graça e sermos ajudados no momento oportuno" (Hb 4,15-16).

Sem a pobreza espiritual, parece que nos concentramos demais em nós mesmos e em nossas faltas e nos esquecemos do amor e da misericórdia de Deus. Nós não damos espaço para Deus ser Deus conosco. Não damos espaço para Deus dizer a nós: "*Minha graça é suficiente e posso libertar você de todos os seus pecados e misérias*". A pobreza espiritual está exatamente nessa *confiança inabalável* no amor e no perdão de Deus. Deus é sempre maior do que nossas fraquezas. Só assim poderemos entender as palavras de Paulo: "*Quando sou fraco, então é que sou forte*". Sua fortaleza não foi depositada em si mesmo, mas foi posta na abertura total diante do amor e da misericórdia de Deus. Isso é pobreza espiritual.

5. A pobreza espiritual quando perdemos o controle da vida

A pobreza espiritual se apresenta a nós também diante de uma situação muitas vezes dramática, quando perdemos o controle sobre nossas vidas. Somos filhos/as da pós-modernidade e por isso orientados a sempre controlar todas as situações de nossa vida. Quem não tem o controle absoluto de si mesmo e das situações de sua vida é um fracassado. Essa afirmação resulta deste princípio da pós-modernidade. E quanto mais controle uma pessoa tem, tanto mais ela se torna mais forte e poderosa que as outras. Contudo, muitas vezes chegam momentos inevitáveis, nos quais perdemos esse controle de nossas vidas. De repente, enfrentamos doenças debilitantes e tornamo-nos, parcial ou totalmente, dependentes dos outros/as. Pode até acontecer um acidente conosco, deixando-nos sem andar por toda a vida, fazendo com que não tenhamos mais controle de nossas vidas. De repente, ficamos dependentes dos outros em quase tudo. Situações muito parecidas com essa se tornam comuns na terceira e na quarta idades, quando não somos capazes de ser tão independentes e de controlar nossa vida como quando éramos jovens. Nosso controle sobre tantas coisas, incluindo nossa própria capacidade de lembrar pessoas e fatos, fica limitado. Há momentos fortes de decepção, depressão e desânimo, quando perdemos a referência do controle sobre a vida.

Para pessoas formadas pela propaganda da pós-modernidade e do perfeccionismo, na qual o controle é um sinal de independência, esses momentos inevitáveis de perda são uma cruz pesada demais para carregar. Elas são forçadas a depender dos outros/as em uma série de coisas. Quem já experimentou essa realidade sabe como pode ser humilhante. Os religiosos/as formados na visão do trabalho constante e perfeito sentem-se como se não fossem mais "gente", ou pior, religiosos/as. Não podem produzir mais como antes e, por isso, julgam que seu valor diminuiu na comunidade e em sua própria autoavaliação. Esse sentimento também chega até nosso relacionamento com Deus, com pensamentos de raiva e revolta diante de Deus, e, consequentemente, pensamentos de confusão e de culpa. E é aqui onde deve entrar nossa pobreza espiritual. A pobreza espiritual significa que o religioso opta por toda a sua vida em ser verdadeiramente *dependente*, seja nos tempos bons ou ruins. Viver a pobreza espiritual é ser dependente e reconhecer que nem sempre teremos controle sobre todas as circunstâncias de nossa vida.

A pobreza espiritual nesse sentido significa um lançar-se no amor de Deus, sabendo que Ele não mudou apesar do fato de que algo físico, psicológico ou espiritual tenha mudado em mim. *Deus continua me amando incondicionalmente* e agora pede para que eu confie ainda mais em seu amor. A pobreza é a consciência da radical dependência em Deus. "É uma consciência viva e serena de se precisar de tudo, de não poder salvar-se por si mesmo e uma segurança total e uma fé inamovível no amor pessoal de Deus."[3] Com essa atitude, não posso me enganar pensando que minhas obras, dons ou talentos são a fonte do amor de Deus por mim. Agora somente posso confiar na pobreza espiritual e no amor incondicional de Deus. Não é tão fácil chegar até esta dependência de Deus e de seu amor. Fomos formados para "merecer" o amor de Deus. De repente, por causa de minha dependência, não posso mais "comprar" ou "merecer" seu amor através de minhas obras.

---

[3] Alonso, op. cit., p. 335.

Eu só posso confiar, *e a confiança significa que eu perdi o controle*. Eu livremente coloco o controle nas mãos de Deus e nas mãos daqueles que precisam cuidar de mim. A resposta para esses momentos difíceis é ficar na presença de Deus e descobrir na pobreza que seu amor é graça. Não posso merecer seu amor. Não posso controlar Deus. Seu amor é um dom livre que Ele quer me dar e que não depende de meu controle ou do que estou produzindo. *Acolher a graça e o amor de Deus nesses momentos sem controle é pobreza espiritual.*

Outro aspecto de pobreza espiritual diante do incontrolável é o da busca da vontade do Pai. A pobreza espiritual abre o caminho para encontrar o Pai e tentar descobrir sua vontade nos momentos difíceis da vida. Pobreza e obediência andam juntas nesses momentos, quando perdemos o controle de nossas vidas. A pobreza espiritual me permite superar as preocupações para que eu possa enxergar a vontade do Pai. Mais ainda, a pobreza me leva à obediência e à conformidade com a vontade do Pai.

E a última fraqueza que precisamos acolher é a própria morte. Um dia vamos morrer e não temos controle sobre essa realidade. A pobreza espiritual mais uma vez é uma confiança inabalável no Pai que vai cuidar de mim no momento da morte. O amor e a misericórdia de Deus são profundamente maiores do que nossas fraquezas e limitações. O último ato de pobreza espiritual de minha vida consagrada será a entrega livre de minha vida a Deus em culto e adoração. "Pai, em tuas mãos entrego meu espírito" (Lc 23,46). Somente a pobreza espiritual pode me dar a confiança neste ato de entrega. A pobreza me dá a capacidade de confiar e de me lançar nos abraços de Deus no momento da morte, porque, nessa hora, Ele vai me dar roupa nova, anel, sandálias e uma festa (Lc 15,11-24).

6. A pobreza espiritual e nossos apostolados e serviços

Há certos aspectos de nossos apostolados e serviços que tocam diariamente em nossa pobreza espiritual, mas a maioria de religiosos/as nem percebem esse fato. Quando limitamos o conceito de pobreza somente ao material, perdemos todo um campo imenso para viver e celebrar a pobreza como um valor evangélico.

No apostolado há sucessos, e há insucessos. Há momentos de crescimento do povo de Deus devido a nossos esforços que animam e realizam o crescimento do reino. E há muitas decepções também, como jogos de poder, rivalidades, falta de perdão, fofocas e competições que destroem o efeito do trabalho feito e desanimam o crescimento do reino. Empregamos muitos esforços, e, na maioria das vezes, temos poucos resultados. De fato, plantamos a semente e, muitas vezes na pobreza, não veremos o fruto final. São outros que colherão os frutos. "Eu plantei, Apolo regou, mas era Deus que fazia crescer" (1Cor 3,6). A pobreza espiritual entra em vários aspectos de nossos apostolados e serviços. Primeiro, eu sou um *instrumento de Deus* e somente Deus poderá produzir e realizar a graça desejada. Ser instrumento é uma atitude de pobreza espiritual que deve evitar qualquer sinal de orgulho ou da tentação de pensar que somos nós a fonte ou os donos da graça. "Quem é Apolo? Quem é Paulo? Apenas servidores, por meio dos quais vocês foram levados à fé; cada um deles agiu conforme os dons que o Senhor lhe concedeu" (1Cor 3,5-6).

Outro aspecto é o fato de que não temos controle sobre os resultados de nossos apostolados. Para homens e mulheres modernos, esse conceito de pobreza é difícil de engolir. Fomos formados para esperar resultados quando e como nós predeterminamos. Nossos esforços, porém, não determinam o sucesso nem o fracasso de um apostolado ou de um serviço. Cumprimos nossa missão com todas as habilidades que temos, é verdade, mas os resultados não estarão conosco. Estarão com Deus. Deus é o dono da graça. Deus é a causa do sucesso.

O resultado também está determinado pelas pessoas que recebem nossa missão, e podendo, assim, receber ou rejeitar nossa pessoa, missão ou serviço. O próprio Cristo teve de sofrer essa realidade da pobreza espiritual diante de sua missão. O povo pobre, em geral, acolheu sua mensagem de copiosa redenção, enquanto os fariseus e os sacerdotes recusaram recebê-lo como o Messias. "Logo depois, os fariseus saíram e fizeram um plano para matar Jesus" (Mt 12,14). "Eis que estamos subindo para Jerusalém, e o Filho do Homem vai ser entregue aos chefes dos sacerdotes e aos doutores da Lei. Eles o condenarão à morte" (Mt 20,18).

A realidade do fracasso no apostolado pode levar-nos para duas reações bem diferentes. A primeira é uma mistura sutil de sentimentos como raiva, frustração e até rejeição do povo, e, logo depois, vem a tentação de abandonar a missão e não mais voltar para os que nos rejeitaram. Os profetas sentiram esse mesmo sofrimento na pobreza espiritual que viveram. "Maldito seja o dia em que eu nasci. Maldito o homem que levou a notícia a meu pai, dizendo: Nasceu um filho homem para você. Por que não me fez morrer no ventre materno?" (Jr 20,14-18). Mas a pobreza espiritual neste contexto de rejeição e fracasso da missão deve levar-me para a presença de Deus, na qual posso experimentar seu amor por mim, seu servo/a: "Tu me seduziste, Javé, e eu me deixei seduzir. A palavra de Javé ficou sendo para mim motivo de vergonha e gozação o dia todo. Estou cansado de suportar, não aguento mais! Javé, porém, está a meu lado como valente guerreiro" (Jr 20,7-13). A resposta na pobreza é a necessidade de voltar, apesar dos sentimentos fortes de fracasso, para amar e servir exatamente os que nos rejeitaram. Isso é impossível sem o aspecto contemplativo, no qual descubro que Deus *está a meu lado* e que também Ele fez assim com seu povo que o rejeitou e rejeita-o muitas vezes.

A resposta da pobreza espiritual leva também a outro progresso na vida espiritual que é a graça de interceder pelos que causaram tanta dor na vida dos evangelizadores/as. Moisés, frustrado com o fracasso de sua missão, na pobreza espiritual, intercedeu pelo povo que adorou um deus falso no deserto. E por causa de sua oração e pobreza, "Javé se arrependeu do castigo com o qual havia ameaçado seu povo" (Êx 32,1-14). A pobreza espiritual é a capacidade de esquecer-se de si mesmo, de suas mágoas, e aparecer diante de Deus intercedendo pela conversão do povo. Como Paulo, que foi quase totalmente rejeitado pelos israelitas, sentiu não raiva, mas: "... o desejo de meu coração e a súplica que faço a Deus em favor deles (israelitas) é que se salvem" (Rm 10,1). Essa atitude de Paulo é pobreza espiritual.

A pobreza espiritual nos apostolados e serviços sempre nos leva para nosso interior, para nos confrontarmos com nossas motivações básicas. É lá que vamos descobrir se estamos praticando a pobreza ou o orgulho, buscando algum tipo de recompensa. Se exercermos um apostolado para sermos reconhecidos/as, então já recebemos nossa recompensa. "Prestem atenção! Não pratiquem a justiça de vocês diante dos homens, só para serem elogiados por eles. Fazendo assim, vocês não terão a recompensa do Pai de vocês que está no céu" (Mt 6,1). Tal motivação seria inspirada no orgulho e na vaidade. Mas, se nossa motivação é a pobreza espiritual, não devemos nos preocupar se nosso apostolado será um sucesso ou fracasso. Se nossa motivação foi a busca por louvar a Deus, para dar-lhe culto e adoração e exercer uma caridade, então já somos pobres de espírito e já somos um sucesso aos olhos de Deus: ... "para que sua esmola fique escondida; e seu Pai, que vê o escondido, recompensará você" (Mt 6,1-6).

Existe a necessidade urgente de voltarmos a uma pobreza muito maior em nossos apostolados, começando por nossas próprias motivações. Parece que alguns/as estão voltando a criar uma "classe religiosa ou clerical", buscando receber recompensas, elogios e privilégios por seus serviços. Alguns exigem reconhecimento extraordinário o tempo todo ou buscam elogios para satisfazer uma afetividade defeituosa. Há casos em que o uso de certos paramentos na liturgia chama mais a atenção para o ministro do que para o mistério do amor de Deus. Certas homilias são mais autoprojeção do que a pregação da boa-nova. A busca de status na comunidade eclesial e civil é sinal de que eles são "ricos de coração". Esses sinais têm como motivação básica *um amor próprio* e, por isso, falta a pobreza. Antes de exercer nossos apostolados, precisamos de momentos de qualidade diante de Deus, quando podemos pedir as graças de que precisamos para tocar no coração dos fiéis. E, depois, precisamos voltar para Deus, reconhecendo que Ele é o dono da graça no apostolado. Estando lá, diante daquele que sendo rico se fez pobre, é que vamos aprender a pobreza espiritual e a humildade que nos vão motivar em nossos apostolados e serviços.

E, finalmente, há o elemento de gratidão no apostolado como um sinal bem sincero da pobreza espiritual. A gratidão vem quando, na pobreza, eu realmente assumo que tudo vem de Deus e que todo sucesso no apostolado se deve a sua graça e não a meus esforços. Mais uma vez, sou instrumento de Deus e não a fonte da graça. Quando um religioso/a reconhece essa realidade, ele logo busca estar na presença de Deus para agradecer. Assumimos a atitude do leproso que voltou para agradecer a pessoa de Cristo. "Ao perceber que estava curado, um deles voltou atrás, dando glória a Deus em alta voz. Jogou-se no chão aos pés de Jesus e lhe agradeceu" (Lc 17,11-19). O importante é que posso vivenciar esse agradecimento, e que não vou mais ser desiludido ou tentado a acreditar que sou a fonte de graça no apostolado. A pobreza espiritual me liberta para ser humilde e cheio de gratidão. E, ao mesmo tempo, poder celebrar que Deus me ama por todos os meus esforços em favor do reino. E Deus também, em sua pobreza, agradece a seus consagrados/as.

7. A pobreza espiritual diante das injustiças sociais

Diante das gritantes injustiças sociais, o religioso/a precisa assumir uma atitude de pobreza espiritual também. Há, sem dúvida, uma ênfase na pobreza material nesse modelo, no sentido da necessidade de viver com e como os pobres. Entretanto, esse modelo não funciona sem primeiro ser tocado pela pobreza espiritual. Vivendo com e como os pobres, o religioso/a precisa primeiro unir-se ao Cristo pobre na contemplação, para ver como Ele se uniu com os pobres e como foi sua luta para conseguir a dignidade deles como filhos/as amados do Pai. A pobreza espiritual também ajuda para ver Cristo nos sofrimentos dos pobres e marginalizados da sociedade e até da própria Igreja. A espiritualidade dessa vivência é assumir as atitudes de Deus que não só viu o sofrimento do povo, mas fez algo para aliviar seus sofrimentos. É viver a experiência de Deus para com seu povo sofrido no Êxodo e no cativeiro da Babilônia:

"Eu vi muito bem a miséria de meu povo que está no Egito. Ouvi seu clamor contra seus opressores... Por isso desci para libertá-lo. Por isso vá. Eu envio você ao Faraó para tirar do Egito meu povo, os filhos de Israel" (Êx 3,7-10).

"Consolem, consolem meu povo, diz o Deus de vocês. Falem ao coração de Jerusalém, gritem para ela que já "se completou o tempo de sua escravidão, que seu crime já foi perdoado..." (Is 40,1-2).

"Porque seu marido é seu criador; o nome dele é Javé dos exércitos. Quem redime você é o Santo de Israel; ele é chamado o Deus de toda a terra. Javé chama você como a esposa abandonada e abatida, como a esposa da juventude, a repudiada... Agora com amor eterno, volto a me compadecer de você, diz Javé" (Is 54,4-8).

E vimos atitude semelhante do Jesus humano diante do povo tão sofrido pela opressão social e religiosa de seu tempo:

"Vendo as multidões, Jesus teve compaixão, porque estavam cansadas e abatidas, como ovelhas que não têm pastor" (Mt 9,36).

"Venham para mim todos vocês que estão cansados de carregar o peso de seu fardo, e eu lhes darei descanso" (Mt 11,29).

Sim, segundo esse modelo de justiça social, a pobreza exige que façamos tudo para aliviar os sofrimentos do povo (pobreza de fato). Mas, primeiro, através da contemplação do Deus que quer libertar seu povo. A pobreza exige que assumamos a mesma mentalidade de Deus. A compaixão, o perdão, a vontade de participar dos sofrimentos do povo, carregando o peso de seu fardo e, sobretudo, o amor são atitudes da pobreza espiritual. Aqui, mais do que nunca, o voto de castidade se une ao voto de pobreza. A motivação da libertação do povo é *um amor visível* em favor dos pobres sofredores. A pobreza e a castidade servem para mostrar a eles o rosto do Pai, "o amor eterno" do Pai, e o fato de que o Pai e o Filho *desceram para estar com e libertar seu povo.*

Outro aspecto doloroso nesta pobreza são os resultados. Nos anos que se seguiram ao Vaticano II, no início de uma maior consciência social entre os religiosos/as, e por causa da teologia de libertação, houve uma sensação de que *logo* seriam introduzidos o novo céu e a nova terra. "Ele vai enxugar toda lágrima dos olhos deles. As coisas antigas desapareceram" (Ap 21,4-5). Fomos ingênuos/as pensando que as estruturas mudariam rapidamente. E muitos religiosos/as ficaram decepcionados, porque os resultados não vieram como esperavam. Faltaram paciência e pobreza de espírito. Mais uma vez nós queríamos ter o controle sobre o *como* e o *quando*. Mas Deus é fiel e agiu em nós e por nós, e um dia "as coisas antigas desapareceram". A pobreza espiritual, então, é não desistir da luta, procurando os direitos sociais e humanos do povo de Deus neste continente injusto. É perceber que a luta vai levar muito tempo até que o homem e a mulher assumam uma verdadeira conversão no ser e no agir de Deus. É um acolher do desânimo que acompanha a luta pela justiça com tantos esforços e poucos aparentes resultados. A pobreza nos dirige para uma atitude contemplativa no meio da luta, em que precisamos ir à fonte da libertação, pedindo com insistência na oração pela libertação do povo de seus sofrimentos. Talvez nunca vejamos os frutos de nossos trabalhos e esforços, mas, com fé e pobreza espiritual, precisamos confiar, sem ver resultados, que um dia vão nascer "o novo céu e a nova terra" (Ap 21,1).

8. O aspecto espiritual – necessidade de um Salvador

O último aspecto da pobreza espiritual é o desejo de continuar Cristo pobre em circunstâncias concretas em nossas comunidades e em nossos apostolados. É um acolher com fé que necessitamos do Salvador. Precisamos desenvolver uma atitude de convicção da própria indigência e de nossa radical dependência de Deus. Acolhendo na fé que Deus nos ama e quer nos salvar exatamente porque Ele nos ama e não porque merecemos. No centro dessa pobreza está a pessoa de Deus e não a concentração orgulhosa de nossos dons, talentos e de nossa autossuficiência. É como Cristo na cruz acreditando que o Pai cuidaria dele. Isso é pobreza espiritual.

A pobreza espiritual é uma confiança inabalável na Providência Divina. A fé na providência primeiro questiona nossas preocupações com o desnecessário e, depois, anima nossa confiança de que Deus fornecerá o necessário para viver com dignidade como filhos/as de Deus.

"Não fiquem preocupados com a vida, com o que comer nem com o corpo, com o que vestir. Afinal, a vida não vale mais do que a roupa? ... Portanto, não fiquem preocupados. O Pai de vocês, que está no céu, sabe que vocês precisam de tudo isso" (Mt 6,25-34).

A pobreza espiritual é uma postura diante de Deus. É uma abertura diante de Deus para deixar que Ele dirija nossa vida, uma vez que acreditamos em seu amor e em sua fidelidade. É um estado de confiança sem limites. Uma segurança total e uma fé no amor pessoal de Deus.[4] "É o salto da angústia à invocação, do fracasso à fé, do total desacerto ao abandono incondicional."[5]

A pobreza espiritual de Cristo, enfim, foi uma expressão de seu amor ao Pai, já que Ele primeiro experimentou o amor do Pai. Mais uma vez, todos os votos terminam no amor a Deus e ao próximo. São meios para amar. A pobreza espiritual me permite acolher o amor de Deus

---

[4] Alonso, op. cit., p. 335.

[5] Ibidem, p. 337.

como dom e me impulsiona para ser um resposta de amor por meio de minha confiança no amor de Deus. A pobreza nesse sentido é uma expressão de amor que me leva a viver minha consagração religiosa.

Perguntas para facilitar a partilha comunitária

1. Você acha que é mais difícil viver a pobreza espiritual que a pobreza de fato? Por quê? Poderia explicar isso aos outros membros da comunidade?

2. Qual aspecto da pobreza espiritual mais chama sua atenção? Poderia partilhar por quê?

3. Qual aspecto da pobreza espiritual é novo para você? Ele ajudará você a viver melhor sua pobreza?

4. Você sente que sua formação deu ênfase demais ao perfeccionismo? Isso atrapalhou sua vida no sentido de que sempre precisava ter controle sobre tudo? Poderia expressar seus sentimentos aos outros/as sobre isso?

5. Qual foi o maior apelo de conversão que sentiu durante a leitura deste capítulo sobre a pobreza de espírito? Como você planeja buscar essa conversão?

6. Como você se sente diante de Deus, com suas limitações? Elas ajudam ou atrapalham a aproximação diante de Deus? O que falta?

CONCLUSÕES

A vivência da pobreza na pós-modernidade é um grande desafio. O mundo grita sua constante propaganda contra a vivência dessa virtude evangélica e desse voto. No meio dos valores do materialismo, do relativismo, em que tudo é descartável, do consumismo e na procura para ter mais e mais, sem compromissos com Deus e com nosso próximo, uma pessoa que aparece na sociedade e proclama que quer viver uma alternativa evangélica, a pobreza, certamente será considerada "louca". Então, como podemos "vender" esse valor Cristocêntrico para o mundo e, especialmente, para nossos jovens vocacionados/as de hoje? Essa realidade apresenta até um desafio maior para nossos formadores/as. A questão é exatamente esta: convencer os jovens de que a pobreza correta e evangelicamente vivida é uma resposta que realiza plenamente um cristão/ã e que ajuda o consagrado/a a viver com fidelidade sua consagração. A pobreza vivida com liberdade adulta leva o religioso/a a amar a Deus e a seu próximo. É um meio indispensável para aquele/a que quer seguir o Mestre na consagração. "Falta ainda uma coisa para você fazer: venda tudo o que possui, distribua o dinheiro aos pobres. Depois venha e siga-me" (Lc 18,22).

Uma finalidade deste livro foi abrir nossa visão sobre a vivência desse voto, seja no aspecto material ou espiritual. Nossa formação inicial sobre a pobreza no recente passado foi uma formação defeituosa com uma visão tão estreita que não houve nem alegria na vivência desse voto. Foi mais um dever, uma obrigação imposta e uma necessidade nada alegre ou entusiasmada para assumir a vida consagrada. E foi essa orientação defeituosa que nos motivou na vivência desse voto. Esquecemos que a pobreza é um caminho que, de fato, *santifica* o consagrado/a. Esquecemos que a pobreza é um meio para podermos amar com cada vez mais autenticidade as pessoas de Deus e do próximo, o que constitui o ser da vida consagrada. Perdemos a noção de que Cristo primeiro escolheu esse caminho para viver seu amor em culto e adoração ao Pai. Infelizmente, em um passado recente, limitamos a prática da pobreza a questões puramente de quantidade, em conceitos morais e jurídicos e, assim, tiramos *todo o amor da vivência desse voto*. Tornou-se mesmo um peso desagradável. E se esta orientação continuar, não vamos poder "vender" esse valor à juventude de hoje, porque vão ver religiosos/as somente descontentes na vivência desse voto. A pobreza não se limita à quantidade de coisas materiais, mas fala de uma qualidade e de uma atitude diante das coisas criadas que devem levar-nos para um espírito de culto, adoração a Deus e a uma partilha e fraternidade para com nosso próximo. Todos esses aspectos precisam ser redescobertos na formação inicial sobre o voto de pobreza. Há necessidade de formação permanente para descobrir de novo o valor evangélico desse voto. Precisamos aprender de novo a teologia rica desse voto.

Vimos que existiam certos modelos antes do Concílio Vaticano II que tiveram um valor em seu tempo histórico, mas que hoje não falam mais para a grande maioria das congregações ativas e apostólicas. Foram modelos monásticos que não servem mais para a maioria dos que abraçam a vida consagrada. As congregações que insistem em viver esses velhos modelos jurídicos e moralistas não poderão comunicar-se com os jovens vocacionados, porque eles/as simplesmente não entenderão esses modelos e até os rejeitarão como ultrapassados e sem sentido neste mundo pós-moderno. Eles também não poderão ser proféticos vivendo os velhos modelos, porque ninguém poderá entender a profecia oferecida por eles. Já estão caducos e devemos ter a coragem de deixá-los.

Portanto, cada Província precisa investir em um estudo comunitário sobre os novos modelos que apareceram depois do Concílio Vaticano II. Precisamos adotar os novos modelos para sermos um sinal visível e compreensível de Cristo na sociedade de hoje. Precisamos mostrar nossa solidariedade com os movimentos do mundo sobre a justiça social, a ecologia e a solidariedade diante da realidade da miséria dos pobres em um mundo tão rico. Não podemos mais limitar a pobreza a uma questão interna em nossos conventos e reduzir o voto a "quanto dinheiro tenho no bolso?". A visão é muito mais vasta e desafiante e, certamente, mais comprometedora. A visão é libertadora. A visão é de uma corresponsabilidade que envolve todos os membros comunidade e da Província na busca de "um novo céu e uma nova terra".

Qualquer que seja o modelo que optamos por viver é necessário que ele seja formado pelos dois aspectos de pobreza: pobreza material e pobreza espiritual para ser autêntico. Nenhum modelo que tenta frisar só a pobreza de fato pode ser autêntico sem alguns elementos de pobreza espiritual e vice-versa. Os dois modelos se combinam para formar uma totalidade equilibrada e uma profecia religiosa que pode ser apreciada e seguida pelos membros da Igreja e pelo mundo. Esta então é a nossa finalidade: *Oferecer uma alternativa evangélica ao mundo pós-moderno sobre coisas materiais, dinheiro, riqueza, poder e autossuficiência, fraternidade e solidariedade.* Mas aqui vem a parte mais difícil. *Nós temos de viver o que pregamos.* Nossa profecia não pode ser somente palavras ocas, sem a tentativa sincera de viver o que professamos. O mundo tem de ver que nossa opção é vida, e que somos alegres em nossa opção por vivermos nossa pobreza relativa na simplicidade de vida. Nosso ideal não é a miséria, mas a pobreza relativa, na qual certos bens, conveniências e direitos *são livremente renunciados* em favor do reino.

A respeito da pobreza de fato, sem dúvida, o maior apelo para os religiosos/as na América Latina é o de assumir, por amor, um estilo de vida de maior simplicidade. É assumir essa simplicidade para podermos viver entre os pobres e viver como eles. Nunca vamos ser totalmente como os pobres, devido ao fato de que tivemos mais oportunidades na vida do que eles. Carregamos uma história de privilégios que a maioria dos pobres nunca tiveram. Em geral, tivemos uma boa educação e alguns/as até estudos superiores. Tivemos acesso aos recursos normais de saúde e a outras necessidades da vida que muitos dos pobres nunca tiveram. Não podemos simplesmente dizer que essas coisas não existem. Fazem parte dos direitos elementares de nossa humanidade, que não devem ser rejeitados nunca em nome da pobreza. Mas contemplando o Verbo feito homem, o religioso/a precisa continuar seu gesto pobre de *"descer"*, de *"esvaziar-se"* e de *"sendo rico se fazer pobre".* Nunca podemos usar esses privilégios da bondade de Deus em nossas vidas para formarmos uma classe superior aos pobres. Precisamos na pobreza colocar todos esses dons recebidos *na linha da doação, do serviço e da partilha.* Tudo o que recebemos é dom de Deus (pobreza espiritual) que colocamos em livre e alegre partilha com os pobres (pobreza de fato).

Os elementos de renúncia e de ascese cristã são essenciais na vivência da pobreza. Desde o tempo de nossa formação inicial, precisamos aprender que a ascese deve ser motivada pelo amor e não pela obrigação de cumprir leis. A ascese tem por finalidade a libertação do apego às coisas materiais, em vista de uma vida alegre que consagra tudo a Deus e quer partilhar e doar a si mesmo aos outros. Na pobreza, a ascese é a coragem de renunciar alegremente ao que não é necessário na vida do religioso/a, seja no âmbito pessoal ou comunitário. A pobreza evangélica exige essa atitude de renúncia. Precisamos redescobrir o valor da ascese evangélica em favor dos outros. Está mesmo faltando esse tipo de testemunho em nossos dias.

Volto a colocar um perigo que vejo acontecendo na vida religiosa. Parece que alguns religiosos/as estão tentando justificar o uso material de tudo e, como resultado, estão, de fato, começando a viver como a classe média. *Parece que nada nos falta mais*. E quando falta algo do melhor, há muitas reclamações. E como é difícil agora fazer até transferências de uma comunidade para outra, porque alguns não querem sair de um lugar "bom" para descer para um lugar mais pobre e com menos recursos. Há dificuldades em pedir que alguns religiosos/as façam o ato de pobreza de irem trabalhar e viver em um país *ad gentes,* porque é mais pobre e porque precisa deixar sua família, seu país, aprender uma nova língua e enfrentar uma nova cultura. Nossa profecia tem sofrido muito recentemente nesse sentido. Fico grato, alegre e animado com o exemplo de tantos religiosos/as que fizeram uma verdadeira opção de vida por serem pobres e que assumiram de verdade uma inserção com os empobrecidos. Vivem com e como os pobres e, por essa opção, renunciam a muitas coisas e conveniências em suas vidas. Por essa razão, eles/as são amados e apreciados pelos próprios pobres. Entretanto, fico triste com a falta de testemunho dos religiosos/as em assumir a pobreza de fato, o que escandaliza nossos pobres, porque muito do dinheiro que recebemos e gastamos em coisas desnecessárias vem exatamente deles e de seus trabalhos duros. Eu não vejo outra resposta mais adequada diante desses desafios do que assumir uma sinceridade em voltarmos a adotar uma verdadeira simplicidade de vida. Alguns religiosos/as não são mais capazes disso. Mas outros são, e eles merecem uma oportunidade na tentativa de viverem o que suas consciências apontam para eles. Nossas assembleias e capítulos provinciais precisam falar abertamente sobre este assunto da pobreza de fato e buscar uma norma geral, um consenso para todos os membros da província. E o que acumulamos de coisas materiais em nossas comunidades devemos alegremente partilhar com os pobres que não têm o necessário para viver em dignidade.

Isso nos leva a considerar que nossa verdadeira participação na consagração da vivência da pobreza toca também na justiça social. Há verdadeiros heróis e heroínas na vida religiosa que lutam para livrar o povo de seus sofrimentos. Há ainda mártires de fato e de espírito que dedicaram uma vida toda na tentativa de conseguir sua meta na consagração. Mas ainda falta entre nós religiosos/as este aspecto de pobreza. Acho que caímos todos nós em incoerências entre a teoria e a prática. Sabemos dos males que existem, comentamos sobre eles, lamentamos que eles existam até bem perto de nós, onde vivemos e evangelizamos, mas, de fato, nada fazemos para melhorar a situação dos pobres. Ficamos somente na teoria. Ficamos insensíveis diante dos sofrimentos do povo, talvez por causa da razão anterior. Não agimos, tornamo-nos como que "anestesiados" pela vida boa de que gozamos, que nem nesse caso podemos ver mais nossa incoerência. Não estou afirmando que devemos assumir lideranças nesses movimentos que buscam a libertação do pobre. Essa vocação pertence aos leigos e aos políticos cristãos. Mas devemos mostrar nossa solidariedade, apoio e carinho para com os que lutam por seus direitos como filhos/as de Deus. Devemos levar essas pessoas e seus problemas diariamente diante de Deus na oração. Devemos ser uma presença solidária onde, às vezes, nem a própria Igreja é uma presença. Com nossa presença, queremos contribuir, dar nossa parte onde podemos contribuir evangelizando com os princípios do Evangelho, especialmente eliminando todo sinal de violência e ensinando o valor da fraternidade e da solidariedade.

Não precisamos conhecer intelectualmente as diferenças entre a pobreza de fato e a pobreza de espírito para concluirmos que a pobreza espiritual é a mais essencial e a mais difícil de viver e testemunhar neste mundo pós-moderno. A pobreza espiritual é o que motiva um religioso/a a buscar uma vivência e uma autenticidade na prática da pobreza material. O centro de toda pobreza começa, então, no interior do religioso/a, muda sua pessoa pela conversão e leva o consagrado/a a uma experiência mística de "Deus pobre" na pessoa de seu Filho Encarnado. Só depois, o religioso/a é capaz de abraçar por amor a pobreza de fato em seus modelos diferentes. A força espiritual inspira e anima a prática exterior. A pobreza espiritual precisa anteceder a pobreza material.

Por isso, voltamos a frisar o *aspecto contemplativo* do voto da pobreza. No centro de nossa contemplação, deve estar a pessoa humana e espiritual do Verbo Encarnado, que se fez carne, que se fez pão e se fez cordeiro imolado para amar e salvar toda a humanidade. Aquele que, sendo rico, por opção, se fez pobre. Ele que se fez uma pessoa dependente de Deus, por meio da oração, e de sua comunidade, por meio da fraternidade. Sua pobreza esteve sempre ligada a sua castidade e a seu amor radical ao Pai e à humanidade. E por causa desse amor, Jesus foi capaz de descer para amar aos pobres e servir aos pobres. O amor veio primeiro em uma vida de contemplação diária diante de seu Pai. Foi na contemplação do Pai que Cristo veio a descobrir que *bem-aventurados são os pobres de coração,* porque Ele mesmo foi o primeiro a vivenciar essa verdade. Precisamos voltar a descobrir que a oração contemplativa é uma expressão linda da pobreza de espírito. Descobrir nossa dependência na Providência Divina. Descobrir a bondade infinita do Pai e confiar totalmente nesse amor do Pai. "Ora, o Pai nos céus sabe que vocês precisam de tudo isso" (Mt 6,32).

Neste mundo de aparelhos eletrônicos sempre mais sofisticados que nos fascinam e ocupam cada vez mais o tempo em nossas vidas, somos convidados pela pobreza a redescobrir nosso único tesouro, Deus, por meio de uma vida contemplativa. Não somos monges ou monjas, mas, pela vocação religiosa, somos contemplativos. Somos chamados à intimidade com Deus pobre, para que possamos ser uma profecia dessa pobreza no mundo e na Igreja. Somos convidados/as, na pobreza, a reavaliar o que realmente está no centro de nossas vidas consagradas. "De fato, onde está seu tesouro, aí estará seu coração" (Mt 6,23). Um aspecto da pobreza espiritual é dar para Deus *um tempo honesto para estar em sua presença diariamente.* Com honestidade e com a ajuda de nosso amigo fiel, o Espírito Santo, pode ser que na contemplação descobriremos que muitas coisas criadas estão tomando o lugar central de Cristo em nossas vidas e, assim, estamos começando a secar por dentro. Ao invés de sentirmos fome de Deus, sentimos fome das coisas criadas e, no processo, esquecemos Deus e nossos irmãos/ãs. Não temos tempo para estar com Deus. Sem julgar o porquê, muitos religiosos/as simplesmente deixaram seu "primeiro amor" esfriar por falta de pobreza espiritual. No lugar de Deus colocamos nossos computadores e nossas novelas com suas ilusões. Por isso, nosso testemunho da vida é oco, porque não experimentamos o único Deus em nossas vidas. Há uma urgência para voltarmos a ter um tempo honesto com Deus diariamente e voltarmos a ser pobres de espírito. Sinto que o mundo está precisando urgentemente ver que somos mesmo homens e mulheres de Deus – de intimidade com Deus – e pobres de coração.

Outra conclusão é a necessidade de acolher com calma, com amor e com uma visão evangélica todas as nossas limitações. Fico admirado nos retiros e na orientação espiritual a dificuldade e a resistência que religiosos/as apresentam em acolher com paz suas limitações. Parece que querem ser "perfeitos", já sem nenhum sinal de dependência. A dependência de Deus e de nossos coirmãos/ãs de comunidade faz uma parte essencial da pobreza. O perfeccionismo não é uma meta em si, mas acolher as limitações na pobreza é um processo para experimentar Deus e seu amor incondicional. E quando não podemos acolher nossas próprias limitações, então, assumimos uma posição de "rico de coração" diante das limitações. Claramente a mesma atitude acontece diante das limitações dos outros membros da comunidade e daqueles que encontramos no apostolado. Quem não é pobre de coração não pode ficar diante do Senhor e acolher sua graça. Criamos a distância entre Deus e seu amado, o consagrado/a. Parece que há uma necessidade de comprar com nosso "coração de rico" o amor, a misericórdia e a gratuidade da generosidade de Deus. Comprar é uma atitude de rico. Acolher sem exigir uma razão porque é uma atitude de pobreza espiritual.

Precisamos de tanta paciência conosco para assumir o processo de superar nossos defeitos humanos, psicológicos e espirituais. Nossos defeitos não mudam o amor de Deus em nossa vida. Sou eu que me afasto de Deus querendo primeiro ser perfeito/a para depois aparecer diante dele. A pobreza espiritual me dá a oportunidade de voltar para Deus com todos os meus defeitos para acolher seu amor na gratuidade. O amor de Deus é graça. Quem pode acolher essa graça é pobre de espírito.

Estou convicto de que existe muita falta de pobreza espiritual em nossa vivência comunitária como religiosos/as. Sem a pobreza espiritual, assumimos tantas atitudes de "ricos de coração" que a vivência comunitária torna-se muito difícil. Falta de perdão porque "eu" fui ofendido e, por isso, tenho o direito de não perdoar. Falta de acolhimento porque "eu" determino quem merece meu amor e minha afeição. Falta de paciência porque "eu" determino como o outro deve agir. Estes sinais da falta de pobreza espiritual impedem uma convivência evangélica na comunidade. É impressionante quantos religiosos/as são azedos na vida porque vivem no passado com suas mágoas e, assim, recusam assumir as atitudes evangélicas de pobreza espiritual: *compaixão, perdão, paciência e acolhimento das fraquezas dos outros/as*. Há uma falta séria de antitestemunho evangélico em nossa vida comunitária religiosa. E tudo porque insistimos em manter um coração de rico. Somente a conversão para um coração de pobre pode resolver os sofrimentos, não só da pessoa envolvida, mas de todos os membros de sua comunidade que sofrem também por causa do fechamento dessas pessoas.

Também gostaria de indicar a profunda experiência de Deus e de pobreza no perdão de nossos pecados. Talvez um religioso/a nunca peque seriamente. Mas a grande experiência da maioria é que pecamos seriamente algumas vezes durante nossa caminhada na consagração. Talvez aos olhos do mundo não são grandes pecados, mas para nós que prometemos um amor radical e exclusivo para Deus e para nosso próximo podem ser. A grande experiência da pobreza espiritual é receber o amor total de Deus no perdão. É uma experiência mística da pobreza espiritual. Não merecemos e não podemos alcançar esse perdão. E Deus entra em nossa vida e, com um carinho que é divino e humano, Ele nos perdoa e esquece nossos pecados. O profeta Miqueias descreveu sua experiência mística do perdão de Deus em sua vida assim: "Que deus é igual a ti? Qual deus, como Tu, tira o pecado e absolve a culpa do resto de tua herança? Qual deus não guarda para sempre sua ira e dá preferência ao amor? Ele nos perdoará de novo; calcará a seus pés nossas faltas e jogará no fundo do mar todos os nossos pecados" (Mq 7,18-19).

Acolher esse perdão na gratuidade do amor de Deus é pobreza espiritual. Oxalá todos nós consagrados/as pudéssemos experimentar esse amor da copiosa redenção diariamente. Deus é amor. Deus é perdão. É graça e somente um pobre de coração é capaz de abraçar tudo isso.

Mas esse amor recebido exige em resposta de amor uma conversão de nossa vida. A conversão é o processo de mudar nossa maneira de ser, agir e pensar, para que ela esteja em sintonia com o querer de Deus expresso em seus mandamentos. E seu maior mandamento é amar a Deus e ao próximo (Mc 12,28-34). A pobreza de espírito significa que buscamos passos concretos para superar nossos pecados *como uma resposta de amor e não de obrigação*. Para um pobre de coração, a conversão não é teoria, mas é uma resposta urgente de amor para aquele que nos amou primeiro. A vida consagrada está com a necessidade de buscar uma conversão evangélica cada vez mais forte. Parece que nossa vida tornou-se menos profética. Cada vez mais parece que somos "iguais" aos leigos. Mas não somos. Nossa identidade na Igreja é que somos consagrados/as. Precisamos de muito mais honestidade para perceber onde e como afastamos de nosso amor radical a Deus e ao próximo, que prometemos viver no dia de nossa profissão. A coragem de sermos diferentes para podermos ser profetas e profetisas do reino. Coragem de sermos uma comunidade de conversão na pessoa de Jesus Cristo que prometemos seguir radicalmente, porque Ele nos chamou. Precisamos recuperar nossa identidade na Igreja para podermos atrair novas vocações. E sinto que o apelo forte é que tudo isso somente pode acontecer se voltarmos a viver uma vida de pobreza de fato e de espírito.

E, finalmente, uma conclusão sobre nossos apostolados e serviços na Igreja e no mundo. A maioria das congregações tradicionais que já tem uma história de caminhada está sofrendo um declínio de vocações que tem efeitos colaterais. Menos trabalhadores na messe e ainda as mesmas obras. A realidade da reestruturação e da refundação de nossas províncias e suas obras exigiram que deixássemos alguns trabalhos que anos atrás nós ajudávamos a edificar. Tudo isso causa certa insegurança, e isto é ser pobre. É um momento de lançar-nos confiantes e com pobreza nos braços do Pai e confiar tudo a Ele. É o momento de sermos pobres e acolher o que somos e podemos fazer sem buscar o extraordinário. É um momento de nos concentrarmos na refundação de nossa congregação e não contar o número de formandos/as. Se formos pobres e buscarmos a refundação, as vocações virão. Deus é fiel. Que nós na pobreza sejamos igualmente fiéis.

Também para os/as que estão desanimados com os "fracos" resultados de tantos esforços no apostolado, a resposta é de uma pobreza espiritual. Deixem tudo nas mãos de Deus Providente. Ele sabe o quadro total e ele vai com alegria usar seus esforços para tirar frutos. O quando e o como temos de deixar com Ele. Isto é pobreza. Infelizmente, fomos ensinados pela sociedade que somente os que demonstram resultados com rapidez e eficiência têm valor. Mas com Deus não é assim. Como precisamos aprender que Deus também diz em sua pobreza: "Obrigado" para seus consagrados/as. Pobreza é acolher e celebrar esse obrigado de Deus em nossa vida.

E, finalmente, gostaria de frisar a necessidade da corresponsabilidade na vivência da pobreza de fato e de espírito. Entramos livremente em uma comunidade de correligiosos/as exatamente porque sentimos nossa pobreza no projeto de viver a consagração na fidelidade. "Eu preciso de vocês" é uma frase poucas vezes escutada hoje por causa de nosso individualismo, mas foi a própria experiência de Jesus. A corresponsabilidade fala de duas expressões. Primeiro, eu sou corresponsável em ajudar meus coirmãos/ãs na fidelidade na consagração, e, segundo, eles são corresponsáveis em animar minha consagração. Quando vivemos isso na alegria, há um fabuloso testemunho de vida e de pobreza. Precisamos como religiosos/as redescobrir como viver em comunidade de novo. Precisamos de muita pobreza. Precisamos planejar momentos fortes de qualidade na oração, na revisão e no lazer. Devemos descobrir de novo a riqueza em cada membro de nossas comunidades, para que possamos experimentar a riqueza de Deus em cada irmão/ã. Não sei como, ou com quais estruturas, mas nos afastamos demais de um sentido evangélico da fraternidade que precisamos reavivar. Certamente precisamos deixar nossa fascinação pelas coisas do mundo pós-moderno para redescobrir a riqueza de uma vida comunitária bem vivida. Somente quando percebo minhas limitações é que vou descobrir minha necessidade de fraternidade. E descobrir tudo isso é uma questão de pobreza pessoal e comunitária.

Espero que as reflexões sobre a pobreza abram nossa visão desse voto que é tão rico. A pobreza abre para nós mil pistas para conhecer, reconhecer e experimentar a pessoa de Deus, para quem consagramos nossas vidas. É um processo de profunda libertação. É um meio de viver nossa consagração, nosso amor radical a Deus e ao próximo. Se você tiver conseguido um pouco de tudo isso, meu trabalho terá sido já recompensado. *"Bem-aventurados os pobres de espírito."*

ÍNDICE

Introdução 5

1. Os modelos da pobreza religiosa 11

I. Modelos anteriores ao Concílio Vaticano II.................................11
1. O modelo de igualdade em tudo......................................11
2. O modelo jurídico da pobreza..14
3. O modelo moralista 17
4. O modelo de pobreza espiritual
anterior ao Concílio Vaticano II.....................................20

II. Novos modelos depois do Concílio Vaticano II.........................22
1. Introdução sobre as mudanças.......................................22
2. A pobreza como simplicidade de vida................................26
3. A pobreza como disponibilidade apostólica..........................27
4. A pobreza como testemunho profético................................30
5. A pobreza como união com o pobre e o explorado....................31
6. A pobreza como necessidade do Salvador............................33
7. A pobreza como união com Cristo...................................35
8. Consequências...36
Perguntas para facilitar a partilha comunitária........................37

2. A teologia do voto de pobreza 39

1. O plano original do Pai (Gn 1–3)...................................40
2. A resposta do homem e da mulher a Deus............................43
3. O acontecimento de Jesus encarnado................................45
    a) O mistério da Encarnação.....................................46
    b) A Eucaristia...47
    c) A paixão de Jesus Cristo.....................................48

4. Cristo "pobre de fato"...49
5. Cristo "pobre de espírito" 51
6. A pobreza consagrada...53
7. Consequências..55
Perguntas para facilitar a partilha comunitária................59

3. A prática da pobreza 61

1. Introdução..61
2. A pobreza de fato – aspecto pessoal 63
3. Elementos da pobreza de fato....................................67
    a) Simplicidade de vida...68
    b) Inculturação 68
    c) Libertar o povo..68
    d) Inserção..69
    e) Hierarquia de valores 69
    f) Elemento contemplativo 70
    g) Ascese cristã 70

4. Os novos modelos da pobreza de fato 71
    a) Corresponsabilidade no uso e
    na administração dos bens.......................................71
    b) A pobreza como disponibilidade apostólica 75
    c) A pobreza social 79
    d) Consequências...83
    Perguntas para facilitar a partilha...........................87

4. A pobreza de espírito 89

1. Introdução..89
2. O aspecto pessoal de pobreza de espírito..................90
    a) Limitações físicas 91
    b) Limitações psicológicas 92
3. As limitações nos membros da comunidade...............92
4. A realidade do pecado 94
5. A pobreza espiritual
quando perdemos o controle da vida 96
6. A pobreza espiritual
e nossos apostolados e serviços 98

7. A pobreza espiritual
diante das injustiças sociais.. 102
8. O aspecto espiritual –
necessidade de um Salvador 104
Perguntas para facilitar a partilha comunitária............................ 105

Conclusões... 107

A marca FSC® é a garantia de que a madeira utilizada na fabricação do papel deste livro provém de florestas que foram gerenciadas de maneira ambientalmente correta, socialmente justa e economicamente viável.

Este livro foi composto com as famílias tipográficas Helvetica Neue e Minion Pro e impresso em papel Offset 75g/m² pela **Gráfica Santuário.**